누가 봐도
재미있는 김종성
한국사 ❸

누가 봐도 재미있는 김종성 한국사 ❸
— 삼국과 가야의 사회와 문화

초 판 1쇄   2018년 03월 20일

지은이 김종성
펴낸이 류종렬

펴낸곳 미다스북스
총　괄 명상완
책임편집 이다경
일러스트 강지혜
마케팅 권순민

등록 2001년 3월 21일 제2001-000040호
주소 서울시 마포구 양화로 133 서교타워 711호
전화 02) 322-7802~3
팩스 02) 6007-1845
블로그 http://blog.naver.com/midasbooks
전자주소 midasbooks@hanmail.net

ⓒ 김종성, 미다스북스 2018, *Printed in Korea*.

ISBN 978-89-6637-563-9 04900
　　　　978-89-6637-558-5 04900(세트)

값 15,000원

「이 도서의 국립중앙도서관 출판예정도서목록(CIP)은 서지정보유통지원시스템 홈페이지(http://seoji.nl.go.kr)와 국가자료공동목록시스템(http://www.nl.go.kr/kolisnet)에서 이용하실 수 있습니다.(CIP제어번호: CIP2018008295)」

※파본은 본사나 구입하신 서점에서 교환해 드립니다.
※이 책에 실린 모든 콘텐츠는 미다스북스가 저작권자와의 계약에 따라 발행한 것이므로 인용하시거나 참고하실 경우 반드시 본사의 허락을 받으셔야 합니다.

미다스북스는 다음세대에게 필요한 지혜와 교양을 생각합니다.

삼국과 가야의 사회와 문화

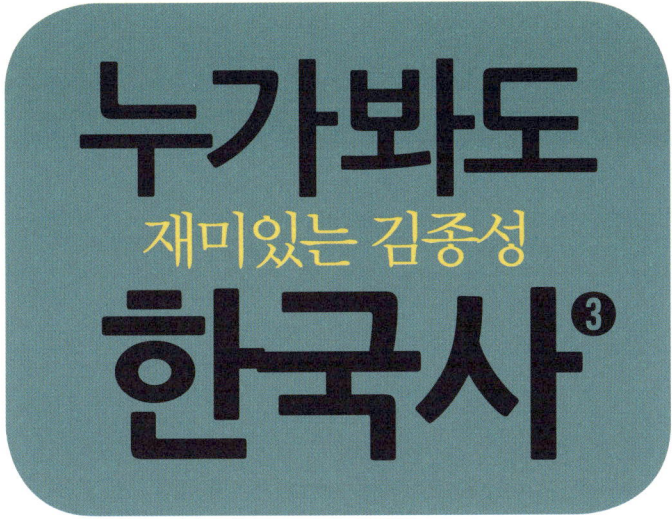

누가봐도
재미있는 김종성
한국사 ③

김종성 지음

미다스북스

머리말

역사는 과거와 현재가 나누는 끊임없는 이야기다

 영국의 역사학자 에드워드 카Edward Hallett Carr는 "역사란 과거와 현재의 끊임없는 대화."라고 말했다. 그의 말대로 역사란 어제의 삶을 살았던 사람들과 오늘의 삶을 살아가고 있는 사람들의 대화라고 할 수 있다.
 문제는 어제의 삶을 살았던 사람들과 오늘의 삶을 사는 사람들이 대화를 나누는 '어제의 언어'와 '오늘의 언어' 사이에 '소통의 장벽'이 있다는 사실이다.
 20세기를 전후하여 역사는 '전문가들을 위한 과학'으로 변모했다. '역사의 과학성'을 지나치게 주장하다 보니 역사서는 '역사의 문학성과 설화성'을 잃어버렸다. 영국의 역사학자 트레벨리언George M. Trevelyan은 "역사의 불변의 본질은 이야기에 있다."라고 말하면서 역사의 설화성을 강조했다. 역사의 문학성과 설화성을 잃어버린 역사서는 독자들로부터 외면을 받게 된다. 역사서는 지루하지 않아야 하고 현장에서 일어나는 일들이 독자들에게 생생하게 전달되어야 한다.

아무리 좋은 내용을 담고 있는 역사책이라 하더라도 독자들이 읽어서 이해할 수 없다면 지은이의 책무를 다하지 못한 것이라고 볼 수 있다. 필자는 누구나 읽어 이해할 수 있도록 한국사를 쉽고 재미있게 쓰려고 마음먹고 지난 20여 년 동안 자료를 수집하고, 많은 문헌을 읽어 왔다.

어제의 삶을 살았던 사람들이 사용했던 '어제의 언어'와 오늘의 삶을 살아가는 사람들이 사용하는 '오늘의 언어' 사이에 가로놓인 '소통의 장벽'을 걸어내기 위해 역사가의 주기능의 하나인 '설화의 기술art of narrative'을 최대한 살려 한국사를 쉽고 재미있게 집필하고자 했다.

오래 전에 그 일부를 출간했던 '인물한국사 이야기 총서'를 저본으로 하여, 역사의 문학성과 설화성의 전통을 되살려 『누가 봐도 재미있는 김종성 한국사 ③ 삼국과 가야의 사회와 문화』를 집필했다. 『삼국유사』와 『삼국사기』 등 국내외의 역사서에 나오는 거의 모든 기록과 '역사의 과학성'이 풍부하게 담긴 학계의 최신 연구 성과를 골고루 반영하여 한국사 전체는 물론 한국문학사의 영역까지 포함하여 지루하지 않고 생동감 있게 서술하고자 애썼다.

총 10권으로 구성된 『누가 봐도 재미있는 김종성 한국사』는 교과서 한국사를 공부하는 중학생이나 수능 한국사를 대비하는 고등학생들은 물론 한국사 인증시험을 준비하는 수험생들과 한국사를 보다 잘 이해하고자 하는 일반인들이 한국사를 소설처럼 쉽고 재미있게 읽을 수 있도록 집필했다.

한국사를 잘 이해하는 길은 한국사의 맥락을 '이야기'를 통해 짚어 나가는 습관을 기르는 것이다. 독자들이 한국의 역사 속에서 실제적인 삶을 살았던 인물들과 그들이 살아가야 했던 시대의 사회·문화에 대해 흥미와 친근함을 느껴야 한다. 한 편의 대하소설처럼 전개되는 이 책을 통해 해당 시대의 인물들과 그 시대의 사회·문화 속에서 끊임없이 대화하고 소통해 보기 바란다.

2018년 3월 용인 호수마을에서
지은이 김종성

일러두기
– 이 책을 읽는 법

이 책은 방대한 역사적 자료와 기록에 근거하여 이야기로 풀어 쓴 한국사이면서, 중·고등학교 교육과정에 수록된 문학 작품을 곁들여 수록하였습니다.

1. [조금 더 알아보기]는 해당 부분에 대한 설명이나 자료가 추가된 보충 내용입니다. 자세한 설명이나 다양한 자료가 필요하신 분들은 읽어 보세요.
2. [한층 더 깊이 읽기]는 해당 부분에 덧붙여서 읽어볼 만한 심화 내용입니다. 더 풍부한 내용이 궁금하신 분들은 읽어 보세요.
3. [술술 훑어보기]는 이야기에 등장하는 왕의 주요 업적과 통치 시기의 주요 사건을 시간 순으로 정리해 놓은 부분입니다. 전반적인 이야기의 흐름을 짚어 볼 때 활용하세요.
4. [한눈에 요약하기]는 각 챕터나 장의 내용을 일목요연하게 정리한 부분입니다. 주제별 마인드맵이나 시대별 연보 등으로 구성되어 있습니다. 읽은 내용의 중간 점검 혹은 시험 대비 정리가 필요할 때 활용하세요.
5. 페이지 하단의 [용어 풀이]는 본문 중 생소한 단어의 뜻, 한자 용어, 옛 지리명 등을 풀이한 내용입니다. 해당 단어의 왼쪽 윗첨자에 작은 동그라미 표시(•)가 되어 있으니 참고해 주세요.

차 례

머리말 …………………………………………………… 4

1부
삼국과 가야의 사회

1장 고구려의 사회 ………………………………………… 14
　1. 고구려의 신분 제도 ………………………………… 17
　2. 고구려의 토지 제도와 수취 제도 ………………… 22
　3. 고구려의 법률 제도 ………………………………… 27

2장 백제의 사회 …………………………………………… 40
　1. 백제의 신분 제도 …………………………………… 43
　2. 백제의 경제 생활 …………………………………… 46
　3. 백제의 토지 제도와 조세 제도 …………………… 49

3장 신라의 사회 …………………………………………… 54
　1. 신라의 신분 제도 – 골품 제도 …………………… 57
　2. 신라의 청소년 수련 단체 – 화랑도 ……………… 62
　3. 신라의 경제 생활 …………………………………… 80
　4. 신라의 토지 제도와 수취 제도 …………………… 84

4장 가야의 사회 ··· 98
    1. 가야의 경제 생활 ································ 101
    2. 가야의 수공업 ··································· 104

2부
삼국과 가야의 학문과 종교

1장 유학과 역사학 ··· 110
    1. 한자와 유학 ······································ 113
    2. 고구려의 유학 ··································· 117
    3. 백제의 유학 ······································ 124
    4. 신라의 유학 ······································ 127

2장 불교와 도교 ·· 134
    1. 삼국의 불교 ······································ 137
    2. 삼국의 도교 ······································ 175

3부

삼국과 가야의 문학과 예술

1장 삼국과 가야의 시 문학 …… 186
　1. 고구려의 시 문학 …… 189
　2. 백제의 시 문학 …… 195
　3. 신라의 시 문학 …… 199
　4. 가야의 시 문학 …… 216

2장 삼국과 가야의 설화 문학 …… 218
　1. 고구려의 설화 문학 …… 221
　2. 백제의 설화 문학 …… 234
　3. 신라의 설화 문학 …… 242
　4. 가야의 설화 문학 …… 254

3장 삼국과 가야의 고분과 벽화 …… 258
　1. 고구려의 고분과 벽화 …… 261
　2. 백제의 고분과 벽화 …… 264
　3. 신라의 고분과 벽화 …… 266
　4. 가야의 고분과 벽화 …… 272

4장 삼국과 가야의 음악 ······ 274
　1. 삼국의 음악 ······ 277
　2. 가야의 음악 ······ 284

4부

삼국과 가야의 대외 교류와 문화의 일본 전파

1장 삼국과 가야의 대외 교류 ······ 296
　1. 삼국의 대외 교류 ······ 299
　2. 가야의 대외 교류 ······ 308

2장 삼국과 가야 문화의 일본 전파 ······ 314
　1. 고구려 문화의 일본 전파 ······ 317
　2. 백제 문화의 일본 전파 ······ 326
　3. 신라 문화의 일본 전파 ······ 331
　4. 가야 문화의 일본 전파 ······ 338

■ 연표 (기원전 59년~676년) ······ 342
■ 참고문헌 ······ 352

1부

삼국과 가야의 사회

1장 고구려의 사회

    1. 고구려의 신분 제도
    2. 고구려의 토지 제도와 수취 제도
    3. 고구려의 법률 제도

2장 백제의 사회

    1. 백제의 신분 제도
    2. 백제의 경제 생활
    3. 백제의 토지 제도와 조세 제도

3장 신라의 사회

    1. 신라의 신분 제도 – 골품 제도
    2. 신라의 청소년 수련 단체 – 화랑도
    3. 신라의 경제 생활
    4. 신라의 토지 제도와 수취 제도

4장 가야의 사회

    1. 가야의 경제 생활
    2. 가야의 수공업

1장 고구려의 사회

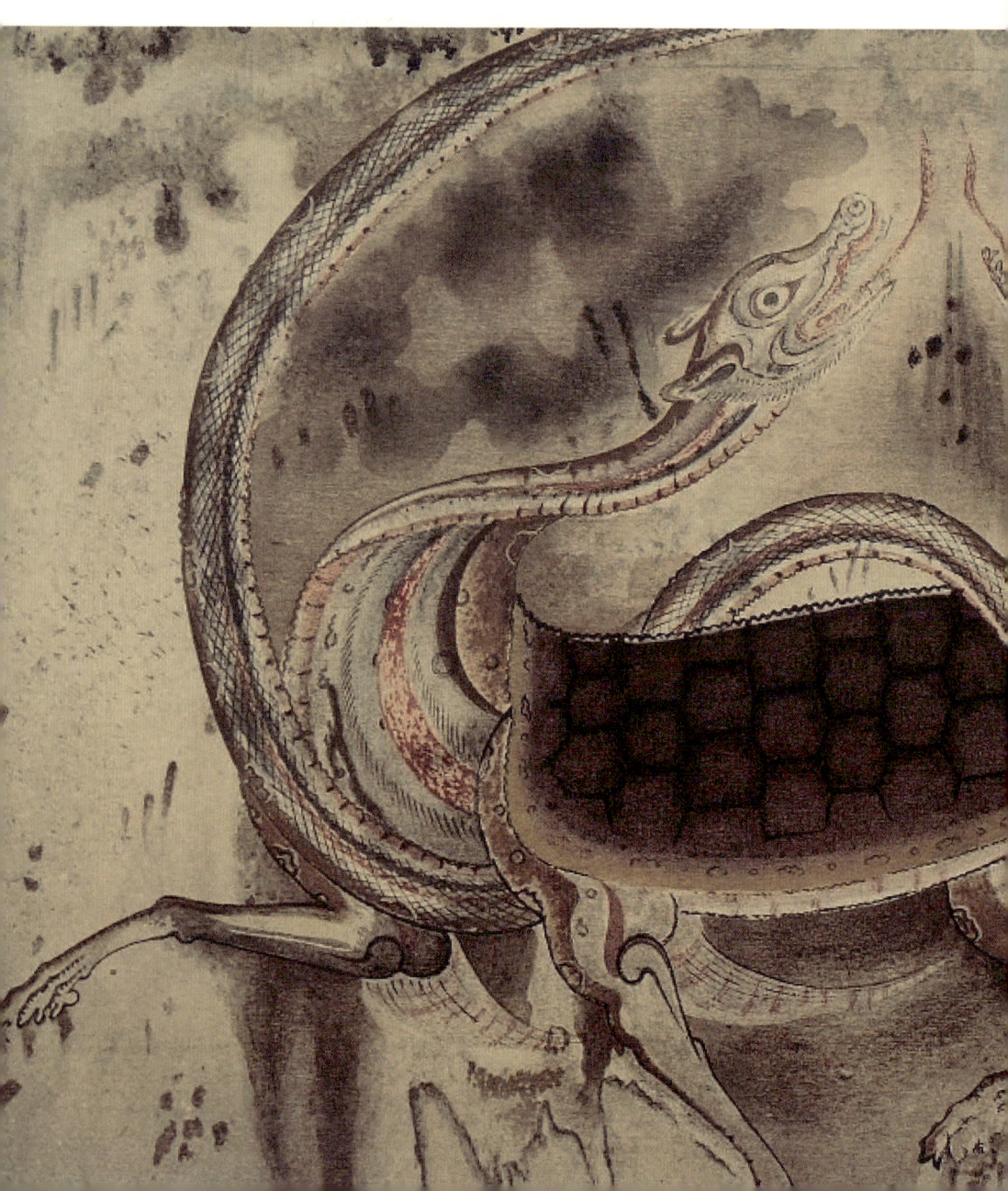

1. 고구려의 신분 제도
2. 고구려의 토지 제도와 수취 제도
3. 고구려의 법률 제도

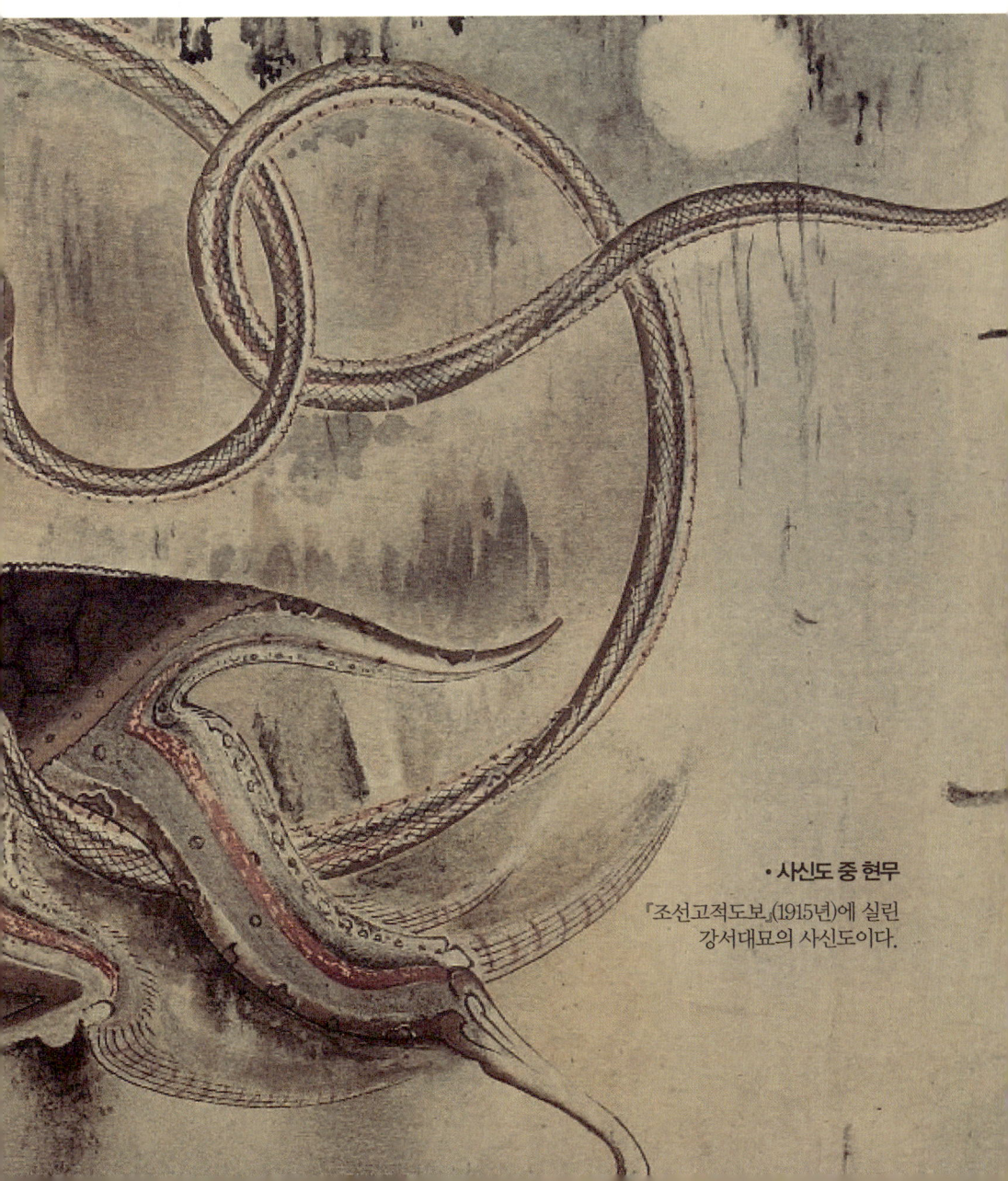

• 사신도 중 현무
『조선고적도보』(1915년)에 실린 강서대묘의 사신도이다.

고구려의 농민들 중에서는 농사만으로 생계를 이어갈 수 없는 빈농이 많았다.

1. 고구려의 신분 제도

왕족과 귀족, 평민과 천민이 생기다

고구려 · 백제 · 신라에서는 중앙집권 국가가 성립하는 과정에서 지위나 계층 따위의 등급에 서열이 생겨났다. 신분 구조가 귀족과 평민 그리고 천민으로 세분화되었다. 수가 적은 귀족들은 주로 수도에 살았으며, 정복 과정에서 확보한 토지와 포로들을 소유해 막대한 재산을 가졌다. 왕족과 옛 부족장 세력이 중앙의 귀족 신분으로 편입된 지배 계급은 군사 · 정치 · 교육 · 제사 등을 맡아서 다루었다. 그들은 포로들을 노비로 삼아 농사일을 시켰다. 또한 노비를 세습했고, 매매하거나 양도하기도 했다.

귀족들도 내부에 여러 계층이 있었다. 고추가는 고추대가라고도 하는데 고구려의 왕족이나 귀족의 칭호였다. 『삼국지』 「위서」 '동이전'에 이 칭호는 "왕의 종족과 소노부의 •적통대인, 그리고 왕비족인 절노부의 •대인

- 적통대인嫡統大人 : 고구려의 옛 왕족인 소노부의 우두머리에게 붙여진 칭호
- 대인大人 : 높은 관직에 있는 사람

1부

삼국과 가야의 사회

등에게 주어졌다."라고 기록되어 있다. 고구려에서는 고추가만 최고 관직의 등급까지 진출할 수 있었고 그 나머지 귀족들은 대가 혹은 소가라고 불렸다. 대가는 연맹 왕국이 형성될 무렵 각 부의 우두머리인 부족장으로 굳어졌다가 고구려가 중앙집권 국가로 발전하는 과정에서 중앙의 귀족으로 흡수되었다. 대가와 소가는 최고 관직의 등급까지 진출하는 데는 혈통의 한계가 있었다.

음모의 집 머슴이 된 을불

낮 동안 이글거리던 태양이 남은 햇빛을 압록강 물결 위로 던지고 있을 무렵이었다. 압록강 건너편 수실촌이라는 조그마한 마을에 젊은이가 찾아들었다.

"이 마을에서 가장 잘사는 집이 어느 집인가요?"

느티나무 아래에서 장기를 두고 있는 할아버지들을 향해 젊은이가 물었다.

"저기 저 돈대 위에 있는 기와집이 이 마을에서 제일 잘 사는 집이라우."

할아버지들이 장기 두기를 멈추고 일어서서 가리킨 집은 그 마을에서 가장 잘사는 음모라는 사람의 집이었다. 젊은이는 음모의 집을 찾아가 머슴으로 써 달라고 사정하였다. 젊은이의 사정을 들은 음모는 그가 머슴이 되는 것을 허락했다.

음모의 집의 머슴이 된 젊은이의 이름은 을불이었다.

• 돈대 : 평지보다 약간 높아 두드러진 평평한 땅

을불이 음모의 집 머슴이 된 지도 어느덧 한 해가 지났다. 봄이 가고 여름이 왔다. 을불은 콩밭을 매랴, 물을 길어 오랴, 장작을 패랴, 눈코 뜰 사이 없었다. 어느 날, 소꼴을 베러 지게를 지고 강가로 나왔다. 낫으로 풀을 베자 두 뺨으로 굵은 땀방울이 흘러내렸다. 을불이 소꼴을 지게 가득 담고 마당으로 들어서자, 음모가 짙은 눈썹을 치켜뜨고 노려보았다.

"대체 뭘 하다가 이제 오는 게냐? 그렇게 일을 해서 어떻게 네가 먹는 밥값을 하겠다는 말이냐? 뒷담 밖에 개구리들이 얼마나 울어대는지, 간밤에 내가 잠 한 숨 못 잤다. 을불 네가 오늘 밤부터는 개구리들을 못 울게 막아라!"

"네? 제가 어떻게 개구리가 못 울게 한단 말입니까?"

"이런 멍청한 놈을 보았나? 개구리는 본시 겁이 많은 동물이야. 돌을 많이 모아 놓았다가 개구리가 울 때마다 돌을 연못 속으로 던져라. 그러면 개구리가 겁을 먹고 놀라서 울지 않을 게다."

을불은 더 이상 대꾸를 못하고 돌아섰다. 낮에 팔이 아프도록 밭을 매고 풀을 베며 일을 했는데, 또 밤새도록 개구리가 울지 못하게 하라니. 을불은 온몸에서 힘이 쭉 빠져나가는 것만 같았다. 을불은 연못가로 가서 작은 돌을 주워 모았다.

어둠이 연못 위에 내리자 개구리들이 울기 시작했다. 을불은 돌을 연못 속으로 집어던졌다. 개구리 울음소리가 뚝 끊어졌다. 잠시 후 개구리가 한 마리 두 마리씩 또 울기 시작했다. 돌을 집어 연못 속으로 힘껏 던졌다. 다시 개구리의 울음소리가 뚝 끊어졌다. 을불은 돌을 들고 숨소리를 죽인 채 연못 위로 눈길을 주었다.

'내가 던진 돌에 죄 없는 개구리들이 맞은 건 아닌지.'

을불은 한숨을 길게 내쉬었다. 눈꺼풀이 무겁게 내려앉고 있었다. 개구리들은 다시 여기저기서 울기 시작했다. 을불은 돌 던지는 것을 그만두고 외양간으로 갔다. 짚 더미 위로 몸을 던졌다. 피로와 잠이 동시에 몰려왔다. 개구리 울음 소리들이 아스라하게 들려왔다.

머슴살이를 했던 을불이 미천왕이 되다

고구려의 농민들 가운데 토지를 잃고 남의 집에서 머슴살이를 하거나, 품팔이를 하여 목숨을 부지하는 사람들로 적지 않았다.

『삼국사기』「고구려본기」'미천왕조'에 보면 을불^{미천왕}이 왕위에 오르기 전에 압록강 유역 수실촌 사람 음모라는 호민豪民의 집에서 머슴살이를 했다는 내용이 나온다. '호민'은 재물이 넉넉하며 세력이 있는 백성을 일컫는다.

을불은 낮에는 땔나무를 하고, 밤에는 그 집 옆의 연못에서 개구리가 울면 기와와 돌을 던져 그 소리가 안 나도록 하는 일을 했다. 집주인 음모는 그를 잠시도 쉬지 못하게 부려 먹었다. 을불은 그 괴로움을 더 이상 참지 못했다. 1년째에 접어들자 음모의 집을 떠나 동촌 사람 재모와 함께 소금 장수로 나섰다.

　우리나라 고대 역사서에서는 보기 드문 기사지만 고구려에 ˙빈농들이 많았다는 사실을 보여 준다. 가을에 수확한 양식은 봄이 되면 바닥이 났다. 햇보리가 미처 여물지 않은 5~6월에는 식량이 모자라서 전국에서 백성들이 고통을 받았다. 국가에서 곡식을 빌려주었다가 수확기에 갚게 하는 제도인 진대법도 이러한 빈농들을 구제하기 위한 정책적 필요로 생겨난 것이다.

• 빈농貧農 : 농사일만으로는 살아갈 수 없어서 생계를 유지하기 위해 다른 노동을 하는 농민

2. 고구려의 토지 제도와 수취 제도

토지 제도 – 하호가 농산물 생산을 전적으로 맡아 하다

고구려는 온 나라 전체의 토지와 국민은 왕이 지배한다는 왕토 사상王土思想을 관념적으로 지니고 있었다. 원칙적으로 토지는 국가의 소유였으나 개인이 소유하기도 했다. 고구려 각 부의 최고 직위 즉, 각 지방의 족장인 대가大加 계층이었던 호민은 많은 노비를 거느렸다. 호민은 ˙사전이나 ˙식읍을 소유하고 평민인 ˙하호와 천민인 노비에게 농사일을 시켰다.

고구려에서도 부여에서처럼 백성을 하호라고 했다. 하호들은 농사를 짓고 바다에서 물고기를 잡고, 소금을 생산하는 일을 했다. 피지배층에 속한 하호는 대부분 농민으로 농산물 생산을 전적으로 맡았다. 일반적인

- 사전賜田: 나라에 공을 세운 왕족이나 벼슬아치에게 임금이 내려 준 토지
- 식읍食邑: 나라에서 수여한 일정한 지역
- 하호下戶: 고구려와 부여에서 호민의 지배를 받는 백성이나 읍락의 구성원

고구려의 농민들은 자기의 토지를 경작하는 자영 농민이었다. 『삼국사기』 「열전」 '을파소조'에 보면 을파소는 원래 신분은 귀족이었으나 시골에서 스스로 땅을 갈아 농산물을 생산해서 생계를 유지했다.

한편 하호는 호민의 토지를 빌려서 농사를 짓고, 수확한 농산물의 10분의 5에 해당하는 세지대를 부담했다. 이러한 하호를, 남의 땅을 빌려서 농사짓는 전호佃戶와 같이 예속농민이라고 해석하기도 한다.

고구려는 초기에는 압록강 유역 일대에 자리를 잡았기 때문에 좋은 땅이 없어 농민들이 부지런히 농사를 지어도 먹을 양식이 충분하지 못했다. 고구려인들은 사냥과 약탈을 통해 부족한 양식을 채울 수밖에 없었다.

조금 더 알아보기 — 식읍은 어떤 공을 세웠을 때 줬을까

연노부 출신 명림답부는 신대왕 때의 국상으로 신대왕 8년172년 후한 현도태수 경림이 침공했을 때 적을 좌원에서 크게 깨뜨린 공으로 좌원과 질산을 식읍으로 받았다. 그리고 동천왕 20년246년 죽령 부근에서 위나라 장수 관구검의 별동부대인 현도태수 왕기의 추격으로 고구려가 위기에 빠졌을 때 밀우와 유옥구는 동천왕을 무사히 피신시키는 등의 공을 세워, 밀우는 거곡·청목곡을, 유옥구는 압록두눌하원의 땅을 각각 식읍으로 받았다. 또한 고노자는 봉상왕 2년293년 선비족인 모용부의 족장 모용외가 고구려를 침범하자 신성에서 물리친 공으로 식읍을 받았다.

- 죽령 : 지금의 황초령
- 신성 : 지금의 중국 무순시 북쪽 북관산성

고구려는 3세기 이후 대동강 이남으로 영역을 확장하면서 농사짓기에 좋은 땅을 많이 확보하게 되었다. 게다가 철제 농기구가 널리 보급되어 농업 생산력이 높아졌다. 고구려에는 집집마다 곡물이나 농기구 따위를 보관하는 '부경'이라는 이름의 작은 창고가 있었다.

『삼국사기』「고구려본기」'평원왕조'에 "평원왕 25년583년 봄, 명령을 내려 급하지 않은 일을 줄이도록 하고, 사신을 군·읍으로 파견해 농사와 누에치기를 권장하였다."라는 기록에서 보듯이 고구려에서는 농업을 중요시했다.

수취 제도 – 차등을 둬 조세를 거두다

수취收取는 국가가 국가의 존속과 수행하고자 하는 목적을 위해 필요한

한층 더 깊이 읽기　「단양 적성비」에서 나오는 전사법

「단양 적성비」는 6세기 중엽 신라 진흥왕 때, 신라가 고구려 영토 적성을 점령하여 세운 기념비이다. 「단양 적성비」의 비문을 통하여 신라의 관직 이름과 율령 정비 상태를 파악할 수 있다. 비문으로 보아 진흥왕 대에 신라가 인구를 성별이나 연령별로 파악하고 있었을 가능성을 시사해 주고 있어 주목된다. 한편 비문에는 '국법國法', '전사법田舍法' 등의 용어가 나온다. 이를 옛 신라 영토에서 통용되는 국법과 대비되는 새로운 점령지에서의 수취에 관한 법령으로 볼 수도 있다는 견해도 있고, 전사법을 고구려가 시행한 법으로 보고 고구려에서는 농민들이 집단적인 공동 경작을 했던 것으로 보는 견해도 있다.

재원을 조달하는 행위이다. 수취는 넓은 의미의 조세세금를 거두는 것을 말한다. 수취는 조세租稅·부세賦稅·부역賦役 등으로 표현하였다. 조세는 넓은 의미로 사용할 때는 국가가 국민에게서 수취하는 모든 세금을 가리키지만, 좁은 의미로는 토지에서 거두는 세금인 전조나 전세를 가리켰다. 부세는 세금을 매겨 물리는 것을 말하고, 부역은 국가가 특정한 공익사업을 위해 국민에게 의무적으로 지우는 노역을 말한다.

정복 사업으로 영토가 늘어나고 인구가 늘어남에 따라 국가 기구와 시설이 커졌다. 재정 지출도 늘어났다. 고구려 지배층은 대부분이 농민인 국민들로부터 조세를 징수해 이 지출을 충당했다.

『수서』「열전」'동이열전 고려전'에 고구려의 수취 제도에 대한 기사가 있다.

"인세는 포 5필과 곡 5석이다. 유인은 3년마다 한 번씩 세를 내는데, 10인이 함께 세포 1필을 낸다. 조는 상등호가 1석이고, 차등호가 7두이며, 하등호가 5두이다."

조세는 국민의 가난함과 부유함에 따라 차등을 두어 징수했다. 하층민의 생활은 비참해 하루하루 입에 풀칠하기도 어려웠다. 고국천왕 때 시행한 진대법은 하층민들의 실상을 말해 준다. 인세人稅는 인두세라고도 하는데 국가가 국민들에게 부과하던 일정 액수의 세금이다. 그리고 유인遊人은 일반 농민보다 가난한 농민으로 생각되며, 호戶는 한 가구를 나타내는 말이다. 또한 포布는 베, 곡穀은 곡식, 세포細布는 가는 삼실로 곱게 짠 베를 말한다.

3. 고구려의 법률 제도

군율처럼 엄격한 형법

고구려의 형법은 군율처럼 엄격했다. 『주서』「이역열전」'고려전'에는 6세기 중반~7세기 전반 고구려의 형법에 대한 내용이 기록되어 있다.

"고구려의 형법은 모반한 사람과 반역 행위를 저지른 사람은 먼저 불로 지진 다음 목을 베었다. 그리고 그 집안의 재산은 몰수하고 가족은 관아의 노비로 만들었다. 도둑질한 사람에게는 도둑질한 물건의 10여 배를 징수하였다. 만약 가난하여 징수할 것이 없는 사람, 공공公共에 관계있는 일로 빚을 진 사람, 개인에 관계되는 일로 빚을 진 사람 등은 모두 그의 아들이나 딸을 노비로 주어 보상할 수 있도록 하였다."

"모반한 사람과 반역 행위를 저지른 사람은 불로 지진 다음 목을 베고, 그 집안의 재산은 몰수하고 가족은 관아의 노비로 만들었다."라는 대목에서 엄격한 형벌을 가한 것을 알 수 있다. 뿐만 아니라 고구려의 형법은 적에게 항복한 사람, 전투에서 패배한 사람, 살인한 사람, 겁탈한 사람 등은 모두 목을 베었다. 남의 물건을 훔친 사람은 훔친 물건 값의 12배를 배상하도록 했고, 소와 말을 죽인 사람은 노비로 삼았다.

중천왕의 사랑을 받았던 관나부인

산과 내가 아름다운 관나부 산골 마을에 아주 어여쁜 여자가 하나 있었다. 그녀는 얼굴이 매우 아름답고, 치렁치렁한 검은 머리카락이 발뒤꿈치까지 내려왔다.

중천왕은 이 소문을 듣고 그녀를 궁궐로 불러들였다.

"과연 소문대로 미인이로구나."

중천왕은 벌어진 입을 다물지 못했다. 그는 그녀를 궁녀로 삼고 궁궐 안에 조그마한 집을 한 채 지어 주었다. 그 후부터 중천왕은 그녀의 집을 하루가 멀다 하고 들락거렸다. 사람들은 그녀를 관나부인이라고 부르기 시작했다.

"상감마마, 이 몸을 버리지 마시옵소서."

관나부인은 중천왕에게 아양을 떨었다.

"내가 왜 너를 버리겠느냐?"

중천왕은 관나부인의 긴 머리카락을 쓰다듬었다.

"상감마마, 소인은 언제 작은 왕후가 되옵니까?"

관나부인이 중천왕의 품에 안겼다.

"머지않아 너를 작은 왕후로 맞이할 생각이니 염려하지 마라."

중천왕과 관나부인이 이런 말을 주고받는 것을 왕후를 모시는 시녀가 몰래 엿들었다. 시녀는 재빨리 왕후에게로 가서 들은 대로 아뢰었다.

왕후는 시름에 잠겼다.

중천왕은 낮이나 밤이나 관나부인 집에만 들락거리며 나라 다스리는 일을 게을리 했다. 여기저기서 불평의 소리가 나왔다. 나라의 정치는 어지러워져 갔다.

오래간만에 중천왕이 왕후의 방을 찾아왔다.

"대왕마마!"

왕후는 부드러운 목소리로 중천왕을 불렀다.

"왜 그러시오?"

중천왕이 입가에 잔잔한 미소를 지었다.

"제가 들자옵건대 지금 서쪽 위나라에서 머리카락이 긴 미인을 구한다 하옵니다. 궁중에 있는 관나부인을 보내면 어떻겠습니까?"

왕후가 중천왕의 낯빛을 살피며 말했다.

"글쎄, 멀리 다른 나라에 어찌 사람을 보낼 수 있겠소."

"제가 생각하옵건대, 관나부인은 사람됨이 암상스러워 궁중에 그대로 두면 좋지 않을 것으로 보입니다."

"음…."

"게다가 돌아가신 대왕마마께서는 북쪽 나라와 여러 번 싸워 사이가 나빴기 때문에 북쪽 나라가 군사를 동원해 쳐들어와, 우리가 고생하지 않았나이까? 그 나라 임금의 마음을 부드럽게 하기 위하여 보내시면 좋겠습니다."

중천왕은 아무런 대꾸도 하지 않고 가만히 앉아 있었다. 그는 몹시 불쾌했다.

"이제 그만 가 보리다."

중천왕은 자리에서 일어났다.

"대왕마마, 깊이 생각해 보세요."

왕후는 방을 나가는 중천왕의 등에다 말을 던졌다.

관나부인이 투기를 하여 음모를 꾸미다

낮말은 새가 듣고 밤말은 쥐가 듣는다는 말이 있듯이 중천왕과 왕후가 주고받은 말이 관나부인의 귀에까지 흘러갔다. 그녀의 등에 식은땀이 흘러내렸다.

'왕후가 나를 궁궐에서 쫓아낼 궁리를 하고 있구나.'

관나부인은 숨을 거칠게 몰아쉬었다. 아무리 생각을 해 보아도 뾰족한 수가 없었다. 자신이 아무리 왕의 사랑을 받고 있다 하더라도 왕후와 맞설 수는 없었다. 그녀는 이불 위에 몸을 던져 흐느꼈다.

얼마나 흐느꼈을까? 누군가가 어깨를 흔들었다. 뒤돌아보니 중천왕이었다.

• 투기妬忌 : 질투. 사랑하는 사람이 다른 사람을 좋아하는 경우에 지나치게 시기하는 것

"대왕마마! 두렵사옵니다."

관나부인은 중천왕의 무릎에 엎드려 흐느꼈다.

"무엇이 두렵다는 말인고?"

"왕후마마께옵서 항상 저에게 산골 계집이니, 시골 계집이니 하면서 궁중이 어디 어울리겠느냐, 시골로 돌아가라 하십니다. 만일 돌아가지 않으면 큰 화를 당할 거라고 하시옵니다."

"걱정할 거 없다. 내가 있는데 누가 너를 시골로 쫓아 보내겠느냐?"

중천왕은 굳은 얼굴을 하고 관나부인의 집을 나왔다.

며칠이 지나갔다. 중천왕은 관리들을 거느리고 기산 언덕으로 사냥을 나갔다. 하루 종일 산을 누비며 사냥을 한 후 궁궐로 돌아왔다. 그는 먼저 관나부인의 집으로 갔다.

중천왕이 방문을 열고 들어서자, 관나부인이 검은 머리카락을 길게 늘어뜨리고 울고 있었다.

"왜 울고 있는고?"

중천왕은 관나부인이 손에 들고 있는 큼지막한 가죽부대에 눈길을 꽂았다.

"오늘 사냥을 나가신 동안, 왕후께서 저를 이 속에 넣어 바닷물에 던지려고 하였나이다. 하마터면 대왕마마의 어지신 •용안조차 우러러 뵙지 못하고 죽을 뻔하였나이다."

• 용안龍顔 : 임금의 얼굴

관나부인이 가죽부대를 내보였다.

"이것이 누구의 솜씨냐?"
중천왕이 한참 가죽부대를 만져 보다가 물었다.
"왕후의 솜씨인 줄로 아옵니다."
관나부인이 어깨를 들썩거리며 흐느꼈다.

그 순간 중천왕의 얼굴이 푸른빛으로 변했다.
"아니다. 이것은 너의 솜씨다. 불쌍하고 어리석은 여자 같으니라고. 너야말로 그 가죽부대 속에 들어가고 싶어서 안달이 났느냐? 전에도 왕후의 방을 엿보고 오더니 오늘 또 이런 짓을 하느냐?"
중천왕이 벌떡 일어났다.

관나부인은 가슴이 철렁하였다. 그녀는 눈치가 빨랐다. 자신에게 어떤 일이 닥칠지 재빨리 알아차렸다.
"대왕마마 살려 주소서!"
관나부인은 애원하였다.
"닥쳐라! 요사스러운 계집 같으니라고. 여봐라, 이 계집을 가죽부대에 담아 바다에 갖다 버려라!"
중천왕이 관리들에게 명령했다.
관리들은 관나부인을 가죽부대에 넣어 아가리를 꽁꽁 맨 뒤, 바닷물 속으로 던졌다.

투기죄로 처형당한 관나부인

『삼국지』「위서」'동이전'에 부여에서는 "부인이 투기하면 모두 죽였다."는 기사가 실려 있다. 부여에는 절도죄·음란죄와 함께 투기죄에 대한 처벌 규정이 있었던 것이다. 부여와 풍속이 비슷한 고구려에서도 투기죄를 엄하게 다스렸을 가능성이 높다.

『삼국사기』「고구려본기」'중천왕조'에도 고구려의 투기죄에 관련된 내용이 실려 있어 주목을 끈다.

5부족의 하나인 관나부 출신인 관나부인은 길이가 9자 272센티미터나 되는 머리카락을 지니고 있었다. 얼굴이 대단히 아름다운 관나부인을 중천왕이 남달리 귀엽게 여겨 사랑하여 소후로 삼고자 했다. 왕후가 이를 질투하여 중천왕에게 "지금 서쪽 위나라에서 머리카락이 긴 미인을 구한다 하옵는데 관나부인을 보내시면 어떻겠습니까?"라고 말했다. 관나부인은 이 소식을 듣고 왕후가 자신을 해칠 것을 두려워한 나머지 먼저 선수를 쳐 중천왕에게 가죽부대를 내어 보이고 울면서 왕후가 가죽부대에 자기를 넣어 바다에 던지려고 한다고 말했다. 그것이 모함인 걸 알아챈 중천왕은 관리들에게 관나부인을 가죽부대에 넣어 바다에 던져 버리도록 명한다.

그동안 학자들은「관나부인 설화」를 관나부인이 투기가 심해 죽임을 당했다고 해석해 왔다. 그러나 한편으로 관나부 출신의 관나부인이 왕에게

• 소후小后 : 작은 왕후

관나부인은 투기죄로 처형당하고 말았다.

총애를 받자, 3세기 중반부터 왕비를 독점적으로 배출하고 있던 연노부 출신의 왕비와 그 일족이 관나부인을 모함해 죽게 만들었다고 보는 견해도 있다.

산상왕, 형수 우씨를 왕후로 삼다

고국천왕이 죽었다. 그런데 안타깝게도 그에게는 아들이 없었다. 왕후 우씨가 왕이 죽은 사실을 비밀에 붙여 죽음을 발설하지 않았다.

그날 밤, 왕궁으로 어둠이 성큼 다가오자 왕후 우씨는 고국천왕의 아우 발기의 집을 찾아갔다.

"돌아가신 왕에게 아들이 없으니 그대가 왕의 뒤를 이어야겠습니다."

왕후 우씨가 발기를 빤히 바라보며 말했다.

발기는 고국천왕이 죽은 것을 모르고 있었다.

"하늘이 정해 둔 운명은 돌아갈 데가 있는 것이니 경솔하게 논의할 수는 없는 것입니다. 하물며 부인네가 밤에 바깥출입을 하는 것이 어찌 예절에 맞다고 할 수 있겠습니까?"

발기가 건조한 목소리로 말했다.

왕후 우씨의 얼굴이 확 달아올랐다. 그 길로 그녀는 연우의 집으로 갔다. 마침 연우가 일어나서 의관을 갖추고 문에 나와 그녀를 맞이했다. 연우는 그녀를 자리에 앉히고 잔치를 베풀었다.

"이제 대왕께서 돌아가시고 아들이 없으니 발기가 맏아우로서 당연히 뒤를 이어야 합니다. 그런데 도리어 발기는 나에게 딴 마음을 품고 있다고 하며 난폭하고 거만하여 예절이 없이 대합니다. 때문에 연우 아주버님을 만나러 왔습니다."

왕후 우씨가 희디흰 손으로 턱을 짚으며 말했다.

연우는 예절을 더욱 극진히 했다. 친히 칼을 잡고 고기를 손질하기 시작했다.

"으음……."

날카로운 칼날이 연우의 손가락을 스쳤다. 피가 붉게 배어났다. 왕후 우씨가 치마끈을 풀어 그의 다친 손가락을 싸매 주었다. 왕후 우씨가 돌아가려고 자리에서 일어섰다.

"밤이 깊어서 뜻하지 않는 일이 있을까 염려스러우니 그대는 나를 대궐까지 바래다주시기 바랍니다."

"그리 하겠습니다."

연우가 짧게 대답했다.

왕후 우씨는 연우의 손을 잡고 대궐로 들어갔다.

이튿날 날이 밝을 무렵에 왕후 우씨는 ˙선왕의 ˙유명이라고 꾸며서 신하들로 하여금 연우를 세워 왕으로 삼았다.

발기는 이 소식을 듣고 몹시 분개하여 군사들에게 왕궁을 포위하라고 명령했다.

"형이 죽으면 아우가 뒤를 이어받는 것이 예법이거늘 네가 순차를 무시하고 건너 뛰어 왕위를 빼앗는 것은 큰 죄악이니 빨리 나오라. 그렇지 않으면 너의 처자식들까지 죽이겠다."

발기가 소리쳤다.

연우가 3일 동안 대궐문을 닫고 나오지 않았다. 나라 사람들도 발기를 따르는 사람들이 없었다. 발기는 일이 성공하기가 어렵게 되었다는 것을 깨닫고 처자들을 데리고 요동으로 달아났다.

"나는 고구려 왕 ˙남무의 친동생입니다. 남무가 죽고 아들이 없었는데 나의 아우 연우가 형수 우씨와 공모하여 왕위에 올라 천륜의 ˙대의를 무

- 선왕先王 : 선대의 임금
- 유명遺命 : 임금이나 부모가 죽을 때에 남긴 명령이나 당부

시하였습니다. 이 때문에 분개하여 °상국으로 귀순하여 왔으니, 엎드려 바라건대 군사 3만을 빌려 주어 그들을 쳐 난을 평정하게 하여 주시기 바랍니다."

발기가 요동 태수 공손도에게 말했다.

공손도가 발기의 말을 들어주었다.
연우가 자기 아우 계수에게 군사를 주어 보내 요동에서 막게 하였다. 한나라 군사가 크게 패했다. 계수가 스스로 °선봉이 되어 달아나는 적을 뒤쫓아 갔다.

"네가 지금 늙은 형을 죽이려 하느냐?"
발기가 계수를 향해 소리쳤다.

고구려의 혼인 풍속 – 서옥제와 과도기적인 취수혼

고구려에는 남자가 혼인 후 일정 기간 처갓집에서 살다가 남자 집으로 돌아와 사는 혼인풍속인 서옥제婿屋制가 있었다. 남녀가 혼인을 하기로 정한 뒤 여자의 집 뒤에 남자를 위한 조그마한 집을 지어 남자를 그곳에 머물게 했다. 고구려 사람들은 그곳을 서옥이라고 불렀다.

- 남무 : 고국천왕의 이름
- 대의大義 : 사람으로서 마땅히 행해야 할 큰 도리
- 상국上國 : 작은 나라의 조공을 받던 큰 나라
- 선봉先鋒 : 부대의 맨 앞에 나서서 작전을 수행하는 군대

취수혼取嫂婚은 죽은 형제의 아내를 살아 있는 형제가 아내로 삼는 혼인 풍속을 의미한다. 고구려 초기 취수혼의 사례로 『삼국사기』 「고구려본기」 '산상왕조'의 기사가 알려져 있다.

고국천왕의 동생인 산상왕이 형수인 왕후 우씨于氏의 도움을 받아 왕위에 오르고 우씨를 자신의 왕후로 맞이한 내용의 설화이다. 초기 고구려의 왕위 계승은 형제 상속이 적지 않았고, 3세기를 전후하여 형제 상속보다 부자 상속이 원칙으로 고정되었다. 산상왕은 왕위에 오른 지 32년 만에 죽고, 이어 산상왕의 아들인 교체가 임금의 자리에 올랐다. 그가 동천왕이다.

산상왕의 취수혼은 과도기적인 모습으로 취수혼이 일반적인 혼인 형태에서 점차 소멸되어 가고 있었던 것을 반영한다는 견해가 설득력이 있다.

 **고구려의 사회 한눈에 요약하기**

신분 제도

왕족
귀족 : 고추가 – 최고 귀족
　　　대가, 소가 – 최고 관직까지 진출하는 데에 한계
평민 : 하호 – 농업, 어업, 소금 생산. 대부분 자영농민
천민

◎ **을불 이야기**
- 머슴살이한 을불 ▷ 토지를 잃은 빈농이 많았음 ▷ 진대법 실시

토지 제도

왕토 사상
- 온 나라 전체의 토지와 국민은 왕이 지배한다
　→ 원칙적으로 토지는 국가의 소유
- 왕이 귀족 계층에게 사전이나 식읍을 내림
- 귀족 계층이 평민과 천민에게 농사일을 시킴

수취 제도
세금을 거두는 것

인세(인두세)
- 국가가 국민에게 부과하는 일정 액수의 세금
- 가난함과 부유함에 따라 차등을 두어 징수

법률 제도

군율처럼 엄격
◎ 관나부인 이야기
　– 투기죄에 대한 처벌 규정
◎ 산상왕과 형수 우씨 이야기
　– 취수혼
- 서옥제

2장 백제의 사회

• 황산벌
계백 장군이 나·당 연합군에 맞서 5천 결사대로 끝까지 항전하다 장렬히 전사한 곳이다. 충남 논산군 연산면 신양리 일대.

1. 백제의 신분 제도

2. 백제의 경제 생활

3. 백제의 토지 제도와 조세 제도

백제의 신분 제도는 꾸밈새조차 달랐다. 또한 평민은 조세를 내야 했다.

1. 백제의 신분 제도

지배 계층 · 평민 계층 · 천인계층

지배 계층	1지배 신분층
	2지배 신분층
	3지배 신분층
평민 계층	
천인 계층	

　백제의 신분 계층은 크게 지배 계층, 평민 계층, 천인 계층으로 나누어진다. 지배 계층은 관등官等과 신분이나 직업 따위에 맞추어 입던 옷의 꾸밈새에 의해 크게 세 가지 신분층으로 구분해 볼 수 있다.

　제1지배 신분층은 솔계 관등 이상을 소지할 수 있는 층이다. 1품 좌평, 2품 달솔, 3품 은솔, 4품 덕솔, 5품 한솔, 6품 나솔까지는 '솔'을 어미로 갖는 솔계 관등을 갖는 층이다. 보라보다 붉은색을 더 많이 띤 자색 옷을 입는다. 왕족을 비롯한 사씨 · 연씨 · 해씨 · 진씨 · 목씨 · 백씨 · 협씨 · 국씨 같은 대성팔족大姓八族이 제1지배 신분층을 구성하는 중심 세력이다.

제2지배 신분층은 덕계 관등을 가지고 있을 수 있는 층이다. 7품 장덕, 8품 시덕, 9품 고덕, 10품 계덕, 11품 대덕까지는 '덕'을 어미로 갖는 덕계 관등이다. 불빛과 같이 짙은 분홍색인 비색 옷을 입는다.

제3지배 신분층은 12품 문독, 13품 무독, 14품 좌군, 15품 진무, 16품 극우 등의 관등을 가진다. 맑은 하늘이나 바다와 같은 빛깔인 청색 옷을 입는다.

지배 신분층 아래에는 일반 평민 신분층이 있었다. 일반 평민 신분층의 주류는 신분적으로는 자유민인 일반 농민이었다. 일반 농민은 소규모 토지 소유자였으며, 국가가 조세를 거두어들이는 주된 대상이었다. 한편 최하위 신분층에는 노비를 비롯한 천민과 노비가 있었다.

"근초고왕 24년369년 가을, 고구려 고국원왕이 보병과 기병 2만 명을 이끌고 백제를 침략했다. 고구려 군사들이 치양에 진을 치고, 병력을 나누어 백제의 민가를 침범해 빼앗았다. 근초고왕이 태자를 보내 고구려 군사들을 치게 했다. 태자가 군사를 거느리고 지름길로 가서 치양에 이르렀다. 고구려군을 급습해 깨뜨리고 5천여 명을 사로잡았다. 이들을 장수와 병졸들에게 나누어 주었다."

『삼국사기』「백제본기」'근초고왕조'의 기사이다. 삼국 시대에 노비가 어떻게 발생되었는가를 보여 주고 있다. 포로가 된 5,000명을 장수와 병졸들에게 나누어 주었다는 기사를 통해 고대 사회에서 노비가 전쟁 포로를 통해 충원되었다는 것을 알 수 있다. 노비는 사회의 최하위 신분으로 매매와 양도가 가능한 물자와 같은 것으로 취급되었다.

1부 삼국과 가야의 사회

• 한성백제박물관에 전시되어 있는 백제 공주의 옷차림

2. 백제의 경제 생활

강 유역에서 수리 · 관개 시설이 발달

 백제는 수도가 한성에 있었을 때에는 한강을 끼고 있었고, 웅진성에 있었을 때와 사비성에 있었을 때에는 금강을 끼고 있었다. 백제가 자리 잡았던 한강 · 금강 · 영산강 유역은 토지가 평탄하고 토질이 비옥한 데다 기후도 온난하여 농사짓기에 좋았다. 백제는 논농사를 바탕으로 하여 수리 · 관개사업에 관한 농업 기술이 발달하였다.

 『삼국사기』「백제본기」'다루왕조'에 서기 33년 "나라 남쪽 주 · 군에 명을 내려 처음으로 쌀농사를 짓게 하였다."는 기사와 『삼국사기』「백제본기」'구수왕조'에 222년 "담당 관련 부서에 명령하여 제방을 수리하도록 하고, 농사를 권장하였다."는 기사가 보인다. 그리고 『삼국사기』「백제본기」'고이왕조'에 242년 "나라 사람들에게 늪과 연못으로 둘러싸인 습한 땅인 남쪽 소택지에 벼농사를 지을 논을 개간하도록 하였다."는 기사도 있다.

이 기사들을 통해 백제 초기, 농사에 필요한 물을 끌어 논밭에 대기 위해 수리·관개 시설 공사가 국가적 사업으로 여러 곳에서 시행되었고, 벼농사가 확대되었음을 알 수 있다. 백제에서는 벼농사 이외에도 밀·조·겉보리·팥·수수·콩 같은 밭작물도 재배했다.

발달하는 민간의 수공업과 관영 수공업

백제의 수공업은 초기에는 생산자인 일반 백성들이 필요한 것을 자기가 생산하여 충당하는 형태로 이루어졌다. 피륙이나 삼실 따위를 기계나 베틀 따위로 짜는 직조 기술織造技術이 발달해, 가는 삼실로 곱게 짠 베인 세포와 발이 굵고 거칠게 짠 베인 추포 같은 직물이 많이 생산되었다. 도끼·괭이·자귀·쇠삽날·톱 등 농사짓는 데 필요한 철제 농기구들은 농산물 생산 증대에도 기여했다. 그리고 나무로 만든 그릇, 짚신, 삼베 등은 대부분 일반 백성들이 집안에서 생산하였다

사비성으로 수도를 옮긴 뒤 중앙통치 조직을 ˙내관 12부와 ˙외관 10부의 22부로 확립하였던 백제는 국가에서 운영하는 관영 수공업도 발달되어 있었다. 관영 수공업과 관련된 관청으로는 왕실에서 필요한 말과 수레의 부속품을 생산하던 마부馬部, 환두대도·칠지도 같은 의전용 큰 칼을 제조하던 도부刀部, 왕실에서 필요한 목제품을 생산하던 목부木部, 각종 무기를 생산하는 사군부司軍部, 직물 수공업품의 생산과 공급 업무를 맡았던 주부綢部 등이 있었다.

- 내관內官 : 중앙 정부의 관직
- 외관外官 : 지방의 관직

3. 백제의 토지 제도와 조세 제도

귀족이나 사원도 땅을 가지다

백제의 지배 신분층의 토지 지배 유형에는 국가나 왕실이 보유하고 있던 •직속지, 귀족들에게 내려준 •전조권, 사원이 보유하고 있던 사원전寺院田 등이 있었다. 『삼국사기』「백제본기」'의자왕조'에 •식읍에 관련된 기사가 나온다.

"의자왕 17년657년 봄, 왕의 서자 41명을 좌평으로 임명하고 그들에게 각각 식읍을 내려주었다."

의자왕이 왕족 중용 정책의 하나로 왕의 서자 41명에게 좌평 관등과 식

- 직속지直屬地 : 직접 속해 있던 땅
- 전조권田租權 : 토지에 부과하는 조세에 대한 권리
- 식읍食邑 : 국가에서 공신에게 내리어, 조세를 개인이 받아쓰게 하던 고을

읍을 준 것이다. 백제의 토지 제도의 특징은 귀족들이 전쟁터에 나가서 싸워 이기는 등의 공로로 전조권이나 식읍을 받기도 했지만, 국가가 토지 자체를 내려주는 사전賜田의 형태는 아니었다는 것이다. 수조권자는 토지에 대한 조세 징수권을 가진 사람이고, 전조권은 토지 수확량의 일정 비율을 국가나 수조권자에게 바치는 것인 전조에 대한 권리이다.

정복 활동이 진전됨에 따라 귀족들이 정복 지역에 이주하여 새로운 토지를 개간하여 소유하게 되는 사례도 생겨났다. 그리고 왕실과 귀족의 후원에 힘입어 번창한 사원들이 대토지 소유자가 되었다.

4~6세기에 들어서자 농기구와 토목 공사에 쓰는 도구가 광범위하게 보급되고, 소를 부려 논밭을 가는 우경牛耕으로 농업 생산력이 증대되었다. 이때부터 소규모의 토지를 사적으로 소유하고 농사를 짓는 자유농민들이 증가했다.

조세 제도 – 조·용·조

백제의 조세 제도는 고구려의 조세 제도와 마찬가지로 조·용·조租庸調로 이루어져 있었다. 조租는 수확한 곡식에 대한 세금이고, 용庸은 부역을 대신해 내는 베나 무명이며, 조調는 지방 특산물을 나라에 바치는 것을 말한다.

조租의 수취 대상, 다시 말해 거두어 모으는 대상은 주로 농민층이었다. 『주서』 「이역열전」 '백제전'에 "부세賦稅는 포나 견과 같은 직물과 마사 및 쌀 등을 해마다 풍년과 흉년에 따라 차등 있게 납부하게 하였다."라고 기록되어 있다.

『삼국사기』「백제본기」'고이왕조'에 다음과 같은 기사가 보인다.

"고이왕 15년248년 봄과 여름에 가뭄이 들었다. 겨울에 백성들이 굶주리므로 창고를 열어 구휼했다. 또 1년간 조조租調를 면제하였다."

가뭄으로 흉년이 들어 백성들이 굶주리게 되자 곤궁한 백성을 도와주는 정책의 일환으로 1년간 세금을 내는 것을 면제해 주었다는 이야기다. 『삼국사기』 초기 기록이어서 기년이 불확실하긴 하지만, 이 기사를 통해 백제가 조·용·조를 징수했다는 것을 알 수 있다.

- 전조田租 : 토지에 부과하는 조세
- 포布 : 삼실로 짠 천, 베
- 견絹 : 누에고치에서 얻은 섬유, 명주
- 마사麻絲 : 베실
- 기년紀年 : 일정한 기원으로부터 계산한 햇수

• 낙화암에서 바라본 백마강

 **백제의 사회 한눈에 요약하기**

신분 제도

지배 계층
- 1지배 신분층 – 솔계(1품~6품) ; 자색 옷
- 2지배 신분층 – 덕계(7품~11품) ; 비색 옷
- 3지배 신분층 – (12품~16품) ; 청색 옷

평민 계층 : 소규모 토지 소유자. 조세
천인 계층 : 매매와 양도와 가능한 물자와 같은 취급

경제 생활

강을 끼고 있는 지역 – 수리 · 관개 시설
수공업
- 민간 수공업 : 직물, 철제 농기구 생산
- 관영 수공업 : 말과 수레의 부속품, 의전용 칼, 목제품, 무기, 직물

토지 제도

직속지
- 국가나 왕실이 보유한 땅
- 귀족들에게 전조권이나 식읍을 내림
  └→ 토지에 대한 조세 징수권

사원전
- 사원이 보유한 땅

수취 제도

조 – 수확한 곡식에 대한 세금
용 – 부역을 대신해 내는 베나 무명
조 – 나라에 바치는 지방 특산물

3장 신라의 사회

• 경주 남산 삼릉계곡 마애석가여래좌상
자연 암반을 파내어 광배로 삼았으며
높이가 7미터에 이르는 거대한 불상이다.

1. 신라의 신분 제도 – 골품 제도
2. 신라의 청소년 수련 단체 – 화랑도
3. 신라의 경제 생활
4. 신라의 토지 제도와 수취 제도

신라의 신분 제도는 인디아의 카스트 제도에 버금갈 정도로 엄격했다.

1. 신라의 신분 제도 – 골품 제도

성골과 진골, 6두품

신라는 혈통에 따라 정치적인 출세에 있어 특권과 제약이 부여되는 엄격한 신분제를 두었다. 신라의 골품 제도는 신라가 서라벌 소국에서 주위의 소국들을 병합하는 과정에서 생겨났다. 병합된 여러 소국의 지배층과 백성을 신라의 지배 체제 속에 편입시켜 등급이 차이 나게 체제를 조직했다.

골품 제도는 법흥왕 때 하나의 체계로 통합되어 모두 8개의 신분 계층으로 나뉘었다. 성골聖骨과 진골眞骨 두 개의 골骨과 6두품六頭品으로부터 1두품에 이르는 6개의 두품이 있었다. 이 가운데 그 중 가장 높은 신분인 성골은 왕이 될 수 있는 자격을 가진 최고의 골품으로, 부모 양쪽이 모두 왕족의 혈통을 가진 순수 왕족인 경우에 한하였다.

『삼국사기』에는 혁거세거서간부터 진덕여왕에 이르기까지의 왕들이 모두 성골에 속하는 것으로 되어 있다. 반면에 『삼국유사』에는 법흥왕에서 진덕여왕에 이르기까지의 왕들만이 성골에 속하는 것으로 되어 있다. 성골은 선덕·진덕 두 여왕을 끝으로 소멸되고, 태종무열왕 이후에는 진골 출신이 왕위에 올랐다. 이 진골에는 김씨 왕족 및 전 왕족이자 왕비족인 박씨, 그리고 금관가야의 왕족인 신 김씨_{김해 김씨}도 포함되어 있었다.

하지만 성골과 진골의 구분은 확실하지 않다. 김춘추의 경우 그의 아버지는 진지왕의 아들이고 어머니는 진평왕의 딸이었으나 진골이었다

6두품·5두품·4두품은 사로 6촌의 지배층인 일반 귀족으로, 6두품은 득난_{得難}이라고 하여 진골 다음 가는 신분 계층이었다. 3두품·2두품·1두품은 수도인 금성에 사는 평민층이었다.

신분에 따라 정치적·사회적 특권의 제약을 두다

세습적인 신분 제도인 골품 제도는 개인이 누릴 수 있는 정치적·사회적 특권에 차등이 있었다. 개인의 정치적인 출세, 혼인, 가옥의 크기, 의복의 색깔, 장신구와 우마차의 장식 등 사회 생활 전반에 걸쳐 여러 가지 특권과 제약을 가했다.

골품 제도는 신라의 국가 발전과 지배층의 확립에 크게 기여하기도 했으나, 골품 제도 자체가 갖는 신분적인 제약 때문에 6두품 이하의 벼슬아치들은 재능이 뛰어나더라도 출세에 한계가 있는 등 폐단이 컸다. 수도인

금성의 중요한 관청의 장관직이나 금성이나 지방의 주요 군부대의 장군직은 진골이 아니면 발탁될 수 없었다. 혈연관계로 맺어진 집단의 제도라 할 수 있는 골품 제도는 세습성과 엄격성을 감안하면 인디아의 카스트 제도에 버금가는 제도로 신라가 멸망하게 된 주요 원인으로 꼽히기도 한다.

『삼국사기』「열전」'설계두조'에 보면 골품제에 대한 그 당시 신라 사람의 인식을 엿볼 수 있다.

골품제의 한계를 벗어나기 위해 당으로 간 설계두

설계두는 신라의 귀족 가문의 자손이었다. 일찍이 가까운 친구 4명과 함께 한자리에 모여 술을 마시며 각자 자신이 품은 뜻을 말하게 되었다.

"신라에서는 사람을 쓰는데 골품을 따진다. 만일 그 족속이 아니면 아무리 큰 재주와 뛰어난 공이 있더라도 자기 신분의 한계를 넘을 수가 없다. 나는 서쪽으로 중화국으로 건너가서 세상에서 보기 드문 지략을 떨쳐서 비상한 공을 세워 스스로 영화로운 관직에 오르고자 한다. 비녀와 갓끈을 갖추어 늘이고, 칼을 차고서 천자의 곁에 드나들면 만족하겠다."

설계두가 말했다.

진평왕 43년621년, 설계두는 몰래 •상선을 타고 당나라에 들어갔다. 때

• 상선商船 : 돈을 받고 사람이나 화물을 나르는 배

마침 당나라 태종이 고구려를 몸소 정벌하게 되었다. 설계두는 자원하여 당나라 군대에 들어가 좌무위 과의가 되었다. 요동에 이르러 고구려 군사들과 주필산 아래에서 전투가 벌어졌다. 설계두는 적진 깊숙이 들어가 민첩하게 싸우다가 죽었다. 전투에서 세운 공로가 1등이었다.

"이 사람은 어떤 사람인가?"

태종이 물었다.

"신라 사람 설계두입니다."

신하들이 아뢰었다.

"우리나라 사람도 오히려 죽음을 두려워하여 형세를 관망하고 앞으로 나가지 못하는데, 외국인이 우리를 위해 목숨을 바쳤으니 어떻게 그 공을 갚겠는가?"

태종이 눈물을 흘리면서 말했다.

"이 사람의 평생 소원이 무엇이었던가?"

태종은 수행하는 신하에게 물었다.

태종은 설계두의 평생소원을 듣고서, 자신이 입고 있던 어의를 벗어 그를 덮어 주었다. 그리고 설계두에게 대장군의 관직을 내리고 예를 갖추어 장례를 치러 주었다.

골품 제도에 대한 신라 귀족의 불만

신라의 6두품에 속한 대표적 귀족 가문의 자손이었던 설계두는 그의 가문이 귀족이긴 하지만 최고 신분층인 진골이 아니었으므로 정치적인 출세에 한계가 있음을 뼈저리게 느끼고 있었다.

친구들한테 그 자신이 말한 대로 신라 사회에서는 성골이나 진골이 아니면 큰 재주를 가지고 있고, 뛰어난 공을 세우더라도 자기 신분의 한계를 뛰어넘을 수가 없었다.

설계두의 삶을 통해 우리는 6두품 이하 신라 귀족들이 골품 제도에 큰 불만을 가지고 있었다는 것을 알 수 있다.

2. 신라의 청소년 수련 단체 – 화랑도

화판·선랑·국선·풍월주 등으로 불리기도 한 화랑이라는 말은 '꽃처럼 아름다운 남자'라는 뜻이다. 화랑도花郞徒의 기원은 원시 공동체 사회에서 청소년들을 공동의 숙소에서 집단 생활을 시키며 몸과 마음을 단련시켜 단체정신이 매우 강한 청소년으로 양성하는 것을 목적으로 한 데서 그 기원을 찾을 수 있다.

화랑 국선의 시초, 설원랑

『삼국유사』「탑상」'미륵선화·미시랑·진자사조'에 다음과 같은 기록이 보인다.

진흥왕은 천성이 신선을 매우 숭상했다. 여염집 처녀로서 아름다운 자를 가려서 원화原花로 올려 세웠다. 그 원화 아래로 무리를 모으고 인재를 뽑아서 효도·우애·충성·신의의 도리를 함양시켰다. 이 역시 나라를 다스리는 큰 방법이 되었다. 비로소 남모 아가씨와 교정 아가씨의 두 원화를 뽑아 세우자, 모인 무리가 3~4백 명이 되었다.

교정이 남모를 질투했다. 교정은 남모에게 술자리를 베풀었다. 남모가 술을 많이 마시게 했다. 남모가 술에 취했다. 아무도 모르게 남모를 북천으로 메고 갔다. 돌로 쳐 죽여 북천가에 묻어 버렸다. 남모의 무리들이 남모가 간 곳을 몰라 슬피 울면서 헤어졌다. 그런데 교정의 음모를 아는 사람이 있었다. 그는 동요를 지어 동네 아이들을 꾀어 길거리에서 부르게 했다. 남모의 무리들이 그 동요를 듣고 북천에서 남모의 시체를 찾아냈다. 그들이 교정을 죽였다.

진흥왕은 명령을 내려 원화 제도를 폐지해 버렸다.

여러 해가 흘러갔다. 진흥왕은 다시 나라를 흥하게 하려면 모름지기 먼저 풍월도風月道를 일으켜야 한다고 생각하였다. 진흥왕은 다시 명령을 내려 좋은 가문 출신의 남자로서 착하고 어진 행실이 있는 자를 뽑아, 이름을 고쳐서 화랑이라고 하였다. 처음으로 설원랑을 받들어 국선으로 삼았다. 이것이 화랑 국선의 시초였다.

미륵선화를 찾아 나선 승려 진자

진지왕 때였다. 흥륜사의 승려 진자가 항상 법당의 미륵상 앞에 나아가 발원하였다.

"우리 부처님이시여, 화랑으로 몸이 변하여 세상에 나타나시면 제가 항상 당신의 모습에 친근하여 모든 바라지를 맡아 받들어 모시겠나이다."

화랑도는 신라 특유의 청소년 수련 단체였다.

진자가 간곡하게 정성을 들이고 지극히 기원하는 마음이 나날이 두터워만 갔다.

그러던 어느 날 밤이었다. 꿈속에 어떤 승려가 나타나서 말했다.
"웅천 수원사에 가면 미륵선화를 볼 수 있을 것이다."

• 웅천 : 지금의 충남 공주시

진자는 깜짝 놀라서 잠에서 깨어났다. 놀랍고도 기쁜 일이었다. 그는 그 절을 찾아가기 위하여 길을 떠났다. 한 걸음에 한 번씩 절을 하며 열흘 동안 걸었다.

진자가 수원사에 당도하자, 대문 밖에서 잘생긴 소년이 반가이 맞이하였다. 그는 진자를 작은 대문으로 인도하여 객실로 데려갔다.

"그대는 평소에 조금도 알지 못하는 터에 어찌하여 이 같이도 나를 친절하게 대접합니까?"

진자가 물었다.

"저 역시 서라벌 사람으로 스님이 먼 길을 걸어 이곳까지 오시는 것을 보고 위로하고 맞이했을 뿐입니다."

소년이 대답했다.

잠깐 있다가 소년이 문밖으로 나가 버렸다. 그가 간 곳을 알 수 없었다. 진자는 그저 우연한 일이라고 생각하고 이상하게 여기지 않았다.

진자는 절의 승려들에게 지난 밤 꾸었던 꿈 이야기와 여기에 온 까닭을 이야기했다.

"잠시 곁에 머무르면서 미륵선화를 기다리고자 하니 어떻겠습니까?"

"여기에서 남쪽으로 가면 높은 산이 하나 있는데 예부터 현인과 철인이 머물러 살았으므로 눈에 띄지 않는 감응이 많다고 합니다. 그곳으로 가 보시지 않겠습니까?"

절의 승려들은 진자의 성정이 활달한 것과 그의 정성스러운 태도를 보고 속여서 말했다.

진자는 그 말을 좇아 남쪽으로 갔다. 그가 그 산 밑에 이르렀을 때였다.

"무엇하러 여기까지 왔느냐?"

산신령이 노인으로 변하여 나와 맞으면서 말했다.

"미륵선화를 만나고자 합니다."

"전날 수원사 문 밖에서 이미 미륵선화를 만나 보았을 터인데 다시 무엇을 구하러 왔느냐?"

노인이 말했다.

"그렇습니까?"

진자는 깜짝 놀라 급히 수원사로 되돌아갔다. 그는 수원사에 한 달 남짓 머물렀다. 진지왕이 그 소문을 듣고 진자를 궁궐로 불렀다.

"화랑이 자칭 서라벌 사람이라 한다니 성인은 거짓말을 하지 않는 법이거늘, 어찌하여 성안을 찾아보지 않느냐?"

진지왕이 그 사유를 물었다.

진자는 진지왕의 뜻을 받들어 그의 무리를 모았다. 그들은 동리와 거리에 퍼져서 그를 뒤져 찾았다. 마침 얼굴이 빼어나게 고운, 어린 소년이 현란하게 차려 입고 영묘사 동북쪽 길 옆 나무 아래를 거닐고 있었다.

"이 분이 미륵선화로구나!"

그를 본 진자가 놀라서 외쳤다.

진자는 그에게 다가갔다.

"집은 어디에 있으며, 성은 무엇입니까?"

진자가 물었다.

"내 이름은 미시입니다. 어릴 적에 아버지와 어머니가 죽어 그 성은 무엇인지 모릅니다."

소년이 대답했다.

진자는 그를 가마에 태워 궁궐로 들어가, 진지왕에게 보였다. 진지왕은 그를 경애하여 받들어 국선國仙으로 삼았다. 그는 여러 자제들과 화목하게 지냈다. 그리고 예의범절이 여느 사람 같지 않았다. 그의 풍류가 세상에 빛난 지 어느덧 7년이 지나가자, 그는 홀연히 어디론가 떠나고 말았다.

진자는 매우 슬퍼하였다. 그러나 미시랑의 은혜를 흠뻑 입었고, 그의 맑은 가르침을 받들어 스스로를 바로 잡을 수 있었으며, 정성껏 도를 닦을 수 있었다.

진자의 나이가 만년이 되어도 미시랑의 소식을 알 수 없었다.

"'미未'는 그 글자 발음이 '미彌'와 가깝고, '시尸'는 그 글자 모양이 '역力'자와 비슷하므로 각각 그 근사한 점을 따서 수수께끼를 낸 것이다. 미륵 부처님이 비단 진자의 정성에만 감응된 것이 아니라 또한 이 땅에 인연이 있었으므로 자주 나타난 것이다."

누군가가 말했다.

정부와 민간 공동의 청소년 수련 단체

신라에서 화랑도는 청소년 수련 단체로서 교육적·군사적 기능을 가지고 있었다. 높은 사람의 아들 가운데서 행실이 올바르고 단정하게 생긴 사람만을 골라 뽑았다. 그 화랑을 우두머리로 하여 시도 짓고 무술도 익히고 여러 가지 도를 닦는 청소년 수련 단체가 화랑도였다.

『삼국유사』「탑상」'미륵선화·미시랑·진자사조'에 따르면 화랑도가 성립된 것은 진흥왕 대의 일이었다. 처음에는 '원화原花'라고 하여, 남모와 교정 두 아가씨를 선택하여 이들을 중심으로 조직하였다. 그러나 두 아가씨 사이에 시샘하는 폐단이 생겨나 '원화'를 폐지했다. 그 후 여러 해가 지나자 그 대신 국가적 통제 밑에 두어 나라의 발전에 이바지하도록 화랑도를 개편했던 것이다. 주목되는 것은 원화제를 부활시키는 과정에서 진흥왕이 "다시 나라를 흥하게 하려면 모름지기 먼저 풍월도風月道를 일으켜야 한다."고 생각하였다는 점이다. 이 기사를 통해 우리는 진흥왕이 원화를 화랑으로 개편할 때 풍월도를 그 바탕으로 했다는 것을 알 수 있다.

그러나 화랑도는 국가 기관이 아니고, 국가의 통제를 받는 민간 단체였다. 다시 말해 정부와 민간이 공동으로 화랑도를 설립하여 운영한 반관반민半官半民 단체의 성격을 띤 청소년 수련 단체였다.

화랑도가 조직된 초기에는 그 조직도 간단한 것이었다. 그 우두머리인 화랑이 있고, 그 밑에 낭도가 있었다.

화랑도의 구성에서 특이한 것은 화랑도를 구성하는 사람들이 구성원들의 자발적인 참여 아래 맹세하고 약속을 하는 형식 절차를 거쳐서 조직되었다는 점이다. 화랑과 낭도로 조직된 화랑도는 15~16세의 귀족 출신 청소년들로 구성되어 있었는데, 그 수가 적을 때는 수백 명이었고, 많을 때는 1천 명을 넘었다. 그들은 무리를 지어 신라에서 이름난 산과 큰 내를 찾아다니며 나라의 안녕과 발전을 기원하며 노래와 춤을 즐겼다. 기록에 남아 있는 화랑으로는 사다함 · 김유신 · 관창 · 죽지랑 · 원술랑 · 비령자 · 검군 등이 있다.

홀로 적진으로 뛰어든 화랑, 관창

"5만 명의 군사가 5천 명을 이기지 못하다니."

김유신의 얼굴이 몹시 굳어 있었다.

"너는 비록 나이는 어리나 의지와 기개가 있으므로 오늘이야말로 공을 세워 이름을 떨칠 때다. 용맹이 없어서야 되겠느냐?"

품일이 관창에게 말했다. 관창은 품일의 아들이었다.

"잘 알았습니다."

관창은 투구를 쓰고 말에 올라탔다. 그는 창을 휘두르며 바로 적진으로 쳐들어갔다. 성난 표범이 날뛰는 것 같아 백제 군사들은 멈칫거렸다. 그가 휘두른 창끝에 백제 군사들이 쓰러졌다. 그제야 성난 백제 군사들이 우르르 달려들었다.

관창이 탄 말이 쓰러졌다. 그가 말에서 땅바닥에 떨어지자 백제 군사들이 그를 에워싸고 창을 겨누었다. 그는 계백 앞으로 끌려갔다.

"이런 어린아이까지 싸움터에 내보내다니…."

관창이 쓴 투구를 벗겨 보고, 계백이 말끝을 흐렸다.

계백은 관창을 살려 돌려보냈다.

"적진 속으로 뛰어들었으나 백제 장수를 죽이고 깃발을 빼앗아 오지 못한 것을 깊이 한탄합니다. 다시 들어가면 반드시 성공할 것입니다."

손으로 물을 움켜 마시고 관창은 적진으로 뛰어 들어갔다. 그는 힘껏 싸웠으나 다시 백제 군사들에 사로잡혀 계백에게 끌려갔다.

"살려서 보내 주었는데 다시 와서 창을 휘두르며 우리 군사들을 죽이다니…. 할 수 없구나. 목을 베어라!"

계백이 명령했다.

백제 군사들은 관창의 목을 베어 말안장에다 매달아 신라 진영으로 보냈다.

"내 아들의 얼굴 모습은 산 것과 같구나. 나랏일을 위하여 죽었으니 후회할 것은 없겠다."

품일은 그의 아들 관창의 머리를 들고 소매로 피를 씻었다.

이것을 본 신라 군사들은 함성을 지르며 진격하여 백제군을 크게 깨트렸다.

임전무퇴를 목숨을 던져 실천한 관창

신라 태종무열왕 때의 화랑으로 장군 김품일의 아들인 김관창은 나·당 연합군이 백제를 공격했을 때 좌장군인 김품일의 부장(副將)으로 출정했다. 신라군이 *황산벌에서 백제군과 4번 싸워 4번 졌다. 관창은 적진으로 달려가 싸웠으나 백제의 장군 계백에게 죽임을 당했다. 나이 어린 관창의 죽음을 본 신라군은 들고 일어나 있는 힘을 다해 싸워 백제군을 크게 무찔렀다.

• 황산벌 : 지금의 충남 논산시 연산면 일대

화랑이 지켜야 했던 다섯 가지 계율인 세속오계世俗五戒는 화랑오계라고도 한다. 세속오계는 원광 법사가 귀산과 추항에게 충성으로써 임금을 섬겨야 한다는 사군이충事君以忠, 효로써 부모를 섬겨야 한다는 사친이효事親以孝, 믿음으로써 벗을 사귀어야 한다는 교우이신交友以信, 싸움에 나가서 물러남이 없어야 한다는 임전무퇴臨戰無退, 살아 있는 것을 죽일 때는 가림이 있어야 한다는 살생유택殺生有擇 등 다섯 가지 계율을 가르친 것에서 비롯되었다. 관창은 임전무퇴 계율을 목숨을 던져 실천한 화랑이라고 할 수 있다.

태종무열왕은 관창이 황산벌 전투에서 세운 공로를 높이 기려 죽은 관창에게 벼슬의 품계를 높여 급찬의 관직을 내렸다.

도리를 어기지 않고 정직했던 화랑, 검군

검군은 대사 벼슬을 지낸 구문의 아들이었다. 그가 사량궁사 벼슬을 하고 있던 진평왕 49년인 627년, 가을에 서리가 일찍 내려 여러 종류의 곡식들이 상하였다.

"이러다 굶어 죽는 게 아닐까?"

농부들은 하얗게 말라붙은 곡식들을 바라보며 슬픔에 젖었다.

금성에서 관리들이 나와 들판을 돌아보았다. 금성에서 듣던 것보다 상태가 더 심한 것을 보고 얼굴이 굳어졌다.

"내년 봄이 큰일이군."

"글쎄 말이야, 내년 봄엔 굶어 죽는 사람들이 엄청 많이 생겨나겠어."

관리들은 허옇게 말라붙은 들판을 바라보며 침울하게 말했다.

가을이 되었다. 한 톨의 쌀마저 거둬들일 수가 없었다. 농민들은 얼마간 준비해 두었던 잡곡으로 겨우 굶주림을 면할 수 있었다. 그러나 그것도 오래 가지 못했다. 다음 해 봄과 여름, 신라 백성들은 굶주림에 지쳐 아들딸까지 팔아먹는 참혹한 지경에 이르렀다.

금성에는 양곡을 넣어 두는 창고가 있었다. 흉년이 들면 나라에서 창고의 양곡을 풀어 백성들에게 나누어 주려고 쌀과 조·수수 같은 곡식을 보관하여 둔 곳이었다.
어느 날이었다. 양곡 창고를 지키는 관리들이 모여 의논을 하였다.
"이제 머지않아 창고의 양곡이 다 없어질 거 같아."
"잘못하면 우리도 굶어 죽을 것 같아."
그들은 서로 양곡을 훔치기로 모의했다.

그들은 서로 양곡을 한 말씩 나눠 가졌다.
"저건 자네 거니까, 가지고 가게."
그러나 검군은 그 양곡을 받지 않았다.
"모든 사람이 다 받는데 그대만 홀로 받지 않는 것은 무슨 까닭인가?"
그들이 양곡 포대를 검군 앞으로 놓았다.
"나는 화랑이신 근랑의 낭도가 되어 배움의 길을 걷고 있는 사람이네. 낭도들은 천만 금이 생긴다고 하더라도 옳지 않은 일에는 마음을 움직이

지 않는 법이네."

검군은 웃으며 양곡 포대를 한쪽으로 밀어 놓고 일어섰다.

이 무렵 이찬 벼슬에 있는 대일의 아들이 화랑이 되어 '근랑'이라 하였다. 검군은 그 길로 그가 따르는 화랑인 근랑의 집으로 갔다.

"갑자기 무슨 일로 찾아왔느냐?"

근랑이 갑작스런 검군의 방문을 의아하게 생각하였다.

"오늘 이후로는 서로 다시 만나 볼 수 없을 것 같아 찾아 왔습니다."

검군이 낮은 목소리로 말했다.

"그게 무슨 말인가? 오늘 이후 다시 만나 볼 수 없을 것 같다니? 어디 먼 길을 떠나는가?"

"아닙니다."

"아니다? 그럼 무슨 까닭으로 다시 만나 볼 수 없다고 말하는 건가?"

침울한 검군의 얼굴을 바라보며 근랑이 다그치듯 물었다.

"……."

"그러지 말고 속 시원하게 말해 보게."

근랑이 다시 다그쳤다.

그러자 검군은 할 수 없이 사실을 털어 놓기 시작했다.

"그들의 죄를 낱낱이 알고 있는 나를 살려두지 않을 겁니다."

근랑은 깜짝 놀랐다.

"어찌하여 이 사실을 윗분들에게 알리지 않는가?"

"죽는 것을 두려워하여 많은 사람들을 죄로 다스리게 하는 일은 인정으로서 차마 못할 노릇이었습니다."
"그렇다면 도망치는 것이 어떻겠는가?"
"그 사람들이 마음이 굽고 내 마음이 정직한데 도리어 도망한다는 것은 사나이로서 할 짓이 아니라고 생각했습니다."

검군이 근랑의 집을 떠나 집으로 돌아왔을 때 그들이 보낸 심부름꾼이 기다리고 있었다.
"이것을 전해드리라 해서…."
심부름꾼이 편지를 내밀었다.

"오늘 저녁은 밝은 달을 바라보며, 한 잔 나누고 싶으니 창고로 오게."

검군은 깨끗한 옷으로 갈아입고 창고로 갔다.
"난 자네가 오리라 믿었네. 자아, 한 잔 쭉 들게."
"고맙네."
검군은 술잔을 받아 들었다.
그들의 긴장된 시선이 검군 얼굴에 일제히 부어졌다.

검군은 태연히 술잔을 들이켰다. 이미 죽기를 결심한 그였다. 화랑도는 이익을 가볍게 여기고 이름을 중시하며 도의를 존중하기 때문에 죽음도 마다않는 것이었다.

검군은 청렴하고 강직한 화랑이었다.

1부

삼국과 가야의 사회

두 번째 술잔을 검군이 받아마시자 온몸이 화끈화끈 달아올랐다.

세 번째 술잔을 받다가 검군이 나무토막 쓰러지듯 쓰러졌다.

검군은 눈을 뜬 채 산 위에 두둥실 떠오른 달을 바라보고 있었다. 그의 얼굴은 마치 웃고 있는 것처럼 보였다.

청렴하고 강직했던 화랑 검군

　검군은 대사大舍 벼슬을 지낸 구문의 아들로 화랑 근랑의 낭도 출신이다. 궁정 관리들이 창예창의 양곡을 몰래 훔쳐 나누어 가지며 검군에게도 양곡 포대를 밀어 놓았다. 검군이 웃으며 "낭도들은 천만 금이 생긴다고 하더라도 옳지 않은 일에는 마음을 움직이지 않는 법이네."라고 말하며 이를 뿌리쳤다. 궁정 관리들은 검군이 이 사실을 근랑에게 자신들 모르게 넌지시 일러바친 것이 아닌가 의심하여 그를 술자리에 초대하여 술에 독을 타 죽였다. 『삼국사기』 「열전」 '검군조'에 실려 있는 검군의 전기를 통해 우리는 청렴하고 강직하였던 화랑 검군의 도덕관과 사생관死生觀을 엿볼 수 있다.

임전무퇴의 용기를 보여 준 화랑, 비령자

　647년 겨울, 백제가 또다시 군사를 크게 일으켜 신라로 쳐들어왔다. 백제의 군사들이 무산·감물·동잠 3성을 에워쌌다. 진덕여왕이 김유신을 보내 보병과 기병 1만 명을 거느리고 서쪽 국경으로 가서 막게 하였다. 신라 군사들은 힘을 다하여 싸웠다. 그러나 백제 군사들의 힘이 강하여 신라 군사들은 어려운 처지에 빠지게 되었다. 날씨마저 쌀쌀해지고 있었다.

　김유신은 비령자가 적진 깊숙이 들어가서 싸울 뜻이 있는 것을 알고 있었다.
　"비령자를 불러라."
　김유신이 부하에게 말했다.

곧 비령자가 김유신 앞에 나타났다.

"추운 겨울이 된 뒤에야 소나무와 잣나무의 푸르름을 안다고 한다. 오늘의 사태로 볼 때 지금 위급한 지경에 놓였는데, 그대가 아니면 누가 군사들의 사기를 북돋아 줄 수 있겠는가?"

김유신이 비령자에게 술을 권하며 입을 열었다.

"감히 명령에 복종하지 않으리까? 지금 많은 군사 가운데서 그러한 중대한 일을 저에게 부탁하시니 이는 저를 믿는 줄로 알겠습니다. 마땅히 죽음으로써 그 뜻에 보답하겠나이다."

비령자가 김유신에게 절을 했다.

이번 싸움터에는 비령자의 아들 거진도 와 있었다. 뿐만 아니라 그의 집 하인 합절도 와 있었다.

"나는 오늘 위로는 나라를 위하고 아래로는 친구들을 위하여 죽을 것이다. 죽는 일을 두려워하거나 피해서는 안 될 것이다."

비령자가 말했다.

"……."

합절은 숨을 깊이 몰아쉬었다.

"내 아들 거진이 비록 나이가 어리기는 하지만 장한 뜻이 있다는 걸 나는 잘 알고 있다. 만약 아버지와 아들이 한꺼번에 죽을 것 같으면 집안사람들은 장차 누구에게 의지하여 살아가겠느냐? 너는 거진과 함께 나의 주검을 거두어 가지고 돌아가서 어머니를 위로하라."

비령자가 말을 끝내자마자 말을 채찍질하였다. 그는 창을 휘두르며 적진으로 달려가서 몇 사람의 백제 군사들을 쳐 죽이고 목숨을 잃었다.

거진은 분을 참지 못하고 당장에 적진으로 달려가고자 말 위에 올랐다.
"도련님, 안 됩니다. 어르신네가 저에게 말씀하시길 도련님과 함께 집으로 돌아가서 어머니를 잘 모시도록 하라고 하셨습니다. 아버지의 명령을 저버리고 어머니의 사랑을 버린다면 효자라 할 수 있겠습니까?"
합절이 애걸하다시피 말하며 말고삐를 잡았다.
"아버님이 눈앞에서 돌아가시는 것을 보고서도 구차하게 살아 있는 것을 어찌 효자라고 이를 것이냐?"
거진이 칼로 합절의 팔을 내리쳤다.
"앗!"
합절은 외마디 비명을 지르며 말고삐를 놓았다.
거진은 적진으로 달려들어 용감히 싸우다가 목숨을 잃었다.
"하늘이 무너졌으니 나 혼자 살아서 무엇하랴."
합절이 창을 높이 치켜들고 적진으로 뛰어갔다. 그는 백제 군사들이 내리친 칼에 쓰러졌다.

이 광경을 바라보고 있던 신라 군사들은 크게 감격하여 서로 앞을 다투어 적진으로 진격하였다. 한나절을 끌었던 이 날의 싸움에서 신라 군사들은 백제 군사 3천 명의 목을 베었다. 마침내 싸움은 신라 군사들의 승리로 끝났다.
싸움이 끝나자, 김유신은 군사들을 시켜 세 사람의 시체를 찾아오도록 했다. 군사들이 시체를 모두 찾아왔다. 김유신은 그의 옷을 벗어 덮어 주며 슬피 울었다.

김유신은 궁궐로 돌아가 진덕여왕에게 비령자를 비롯한 세 사람의 충성심을 보고하였다.

"세 사람은 후하게 장사지내고, 남은 식구들에게는 많은 상을 내려 주도록 하라."

진덕여왕이 눈물을 흘렸다.

3인의 용맹과 죽음

세속오계世俗五戒의 네 번째 계戒인 '전쟁에 임하여 물러서지 않음', 즉 임전무퇴臨戰無退'의 정신을 보여 주는 전기문으로『삼국사기』「열전」'비령자조'에 실려 있다. 비령자는 신라 중기의 화랑이다. 647년에 백제의 대군이 무산·감물·동잠 등 3성을 공격해 오자, 신라군의 사기가 떨어졌다. 비령자는 주저하지 않고 나라를 위하는 마음으로 적진에 돌진하여 적과 싸우다 죽었다. 이를 본 그의 아들 거진은 적진으로 돌진하여 싸우다 죽었다. 종 합절도 그들의 뒤를 따랐다.

이들 3인의 용맹과 죽음은 신라군의 사기를 크게 북돋아 주었다. 신라군은 적진으로 돌진하여 큰 승리를 거두게 되었다. 나라를 위해 자신의 목숨을 던진 비령자의 충忠, 그 아들 거진의 효孝, 그리고 종 합절의 의義를 장엄하게 그렸다.

3. 신라의 경제 생활

농업 – 가장 중요한 경제 기반

신라는 고구려·백제와 같이 농업이 중요한 경제 기반이었다. 4세기 이후 철기 제작 기술이 발달함에 따라 철제 농기구의 개량이 촉진되었다. U자형 따비는 갈이 작업에 주로 이용되었다. 그리고 '날이 곧게 뻗은 낫'은 곡식을 수확할 때 이용하였고, '약간 곡선을 이룬 형태의 낫'은 농작물을 수확할 때와 풀이나 나무를 벨 때 사용하였다. 그밖에 괭이와 쇠스랑은 땅을 고르는 작업과 풀을 제거하는 작업에 사용하였다. 농작물이 자라고 있는 도중에 김을 매어 두둑 사이의 골이나 그루 사이의 흙을 부드럽게 하는 작업에도 쓰였다. 502년 처음으로 소를 이용해 논밭을 갈게 하였다는 기사가 『삼국사기』「신라본기」'지증마립간조'에 보인다.

"지증마립간 3년502년, 봄에 지증마립간지증왕이 명령을 내려 순장을 금지하였다. 이전에는 국왕이 죽으면 남녀 각각 5명씩 순장하던 것을, 이때에 와서 그것을 금지한 것이다. 지증마립간이 친히 신궁에 제사를 지냈다. 3월에 주·군의 장관에게 일일이 명령하여 농사를 권장하게 하고, 처음으로 소를 이용해 논밭을 갈게 하였다."

"주·군의 장관에게 일일이 명령하여 농사를 권장하게 하고, 처음으로 소를 이용해 논밭을 갈게 하였다."는 구절을 자세히 들여다보면 단순히 농사를 짓는 데 소를 이용하기 시작하였다는 이야기가 아니라 소를 이용해 논밭을 가는 우경牛耕을 국가적 차원에서 시행하도록 지증마립간이 조치를 취했다는 사실을 알 수 있다.

이러한 지증마립간의 농업 진흥 정책으로 농업 생산력이 증대했다. 삽과 가래 등 철제 농기구의 보급으로 수전의 확대를 가져왔을 뿐만 아니라 보리 같은 맥류 재배의 확산을 가져왔다.

수공업 – 가내 수공업에서 관영 공장으로

수공업은 일찍이 농민들이 집안에서 삼실과 명주실을 겹쳐 꼬아 만든 실로 짠 비단인 겸포縑布 등 각종 물품을 생산하는 가내 수공업의 형태를 띠고 발달했는데, 뒤에는 왕실에서 경영하는 관영 공장에서 필요한 물품을 전문적으로 생산하게 되었다. 수공업과 관련된 관청으로는 대표적인 것으로 공장부가 있었다. 이외에도 병장기와 선박의 제조를 담당하던 병

• 수전水田 : 물을 대어 벼를 재배하는 땅

지증마립간이 우경을 국가적 차원에서 장려했다.

부, 선박제조 관리를 담당하던 선부, 국왕의 의장용 수레의 제작과 마구를 생산하던 승부, 수도 서라벌의 성을 축조하거나 수리를 책임지던 육부소감전 등이 있었다.

농업의 생산성이 커지자 교환 경제가 발달하기 시작했다. 『삼국사기』 「신라본기」 '소지마립간조'에 시장을 열었다는 기록이 있다.

"소지마립간 12년490년 봄, 비라성을 고쳐 쌓았다. 3월에 용이 추라정에 나타났다. 처음으로 수도에 시장을 열어 사방의 물자를 유통시켰다."

사방의 물자가 금성으로 모여들어 활발히 유통되었다. 지증 마립간은 이를 효율적으로 관리하기 위해 동시전東市典을 설치하였다. 『삼국사기』 「신라본기」 '지증마립간 10년조'에 "봄에 서울에 동시를 설치하였다."는 기사가 있다. 그러나 같은 책 「직관지」에는 지증마립간 9년인 508년에 동시전을 설치했다고 기록되어 있다.

동시전은 신라 때의 관청으로서, 수도인 서라벌에 설치한 상설 시장 가운데 동쪽에 있던 동시東市를 관리하였다. 동시전은 물품과 재화를 거래하는 과정, 시장을 열고 닫는 시간, 물품의 길이와 무게와 같은 도량형 등을 관리하였을 것으로 생각된다.

4. 신라의 토지 제도와 수취 제도

토지 제도 – 녹읍과 식읍

신라의 농민들은 일반적인 고구려의 농민들처럼 자기의 토지를 자신이 경작하는 자영 농민이었다. 농토가 없거나 농토가 부족한 농민은 토지를 많이 소유한 호민豪民의 토지를 빌려 경작했다.

신라의 귀족들은 영토 확장 전쟁 과정에서 많은 전쟁 포로와 식읍食邑을 받아 경제적인 부를 누릴 수 있었다. 식읍은 왕족이나 공신들에게 내려 주어 조세를 받아쓰게 하는 지역을 이르던 말이었다. 금관가야의 구형왕이 신라에 항복하고 자신이 다스리던 김해시 지역을 식읍으로 받았던 것처럼 신라에게 병합된 소국의 왕족들도 식읍을 받았다.

또한 귀족들은 관직의 높고 낮음에 따라 차등해서 녹읍祿邑을 받았다. 녹읍은 모든 관리들에게 직무의 대가로 주던 논밭을 말하는데, 그들은 그 논밭에서 나오는 조세를 받았을 뿐만 아니라 백성들을 부역에 동원할 수 있었다. 녹읍제는 신라가 주변의 소국들을 복속시키고, 그 지배층을 신라의 귀족으로 편입시켜 관리로 편제하는 과정에서 생겨난 제도이다.

수취 제도 – 조세 · 공납 · 요역의 의무

지방의 유력자로서 중앙으로 출세하는 길이 막혀 있던 촌주 밑에는 평민들이 있었다. 흙벽에 풀로 지붕을 이은 초가집이나 나무로 만든 집에서 살았던 평민들은 소규모의 토지를 소유하고 농사를 지으며 생활하였고 국가에 조세(세금稅金) · 공납貢納 · 요역徭役의 의무를 지고 있었다. 조세는 국가가 일반국민으로부터 개별적인 대가를 지급하지 않고 강제적으로 획득하는 수입을 말하고, 공납은 각 지방에서 산출되는 토산물을 현물로 왕실이나 중앙 관부에 납부하는 세제稅制를 일컫는 말이다. 그리고 요역은 국가가 백성의 노동력을 대가나 보상 없이 강제로 모으거나 거두어들이는 수취 제도를 말한다. 국가의 대규모 토목 공사에 동원되어 직접 노동력을 제공하는 요역인 역역力役과 16세 이상 60세 이하의 건강하고 정상적인 남자가 군대로 복무하던 신역身役인 군역軍役이 매우 많아서 평민들의 생활을 더욱 어렵게 했다.

> **조금 더 알아보기** 삼국의 토지 측량 단위
>
> 고구려는 밭이랑을 기준으로 하는 경무법을 썼고, 백제는 파종량을 기준으로 하는 두락제를 썼다. 그리고 신라는 수확량을 기준으로 하는 결부법을 썼다.

『삼국사기』「열전」에 실려 있는 「설씨녀」는 군역에 내몰리는 신라 평민들의 절박한 사정을 잘 묘사하고 있다.

「설씨녀」 – 군역에 내몰린 신라 평민들의 사정

설씨녀는 작은 동네인 율리라는 곳에 사는 백성의 딸이었다. 사는 형편이 구차하고 변변하지 못한 집안이었지만 설씨녀는 얼굴빛이 단정하고 생활에서 나타나는 온갖 태도와 행실이 얌전하여, 그녀를 보는 사람마다 그녀의 어여쁨을 흠모하면서도 감히 범접하지 못했다.

진평왕 때 나이가 많아 쇠약해진 그녀의 아버지가 정곡 땅에서 북쪽의 오랑캐를 방비하는 일에 당번을 서게 되었다. 그녀는 쇠약하고 병든 아버지를 차마 멀리 떠나보낼 수 없었고, 또 여자의 몸인지라 자신이 대신 갈 수도 없어 마음속으로 고민을 하고 있었다.

이때에 사량부에 가실이라는 젊은이가 살고 있었다. 비록 가난하고 곤궁하였으나 원칙과 신념을 지켜 끝까지 굽히지 않는 꿋꿋한 의지를 지니고 있었고, 뜻한 바를 반드시 실천하는 총각이었다. 그는 일찍이 설씨를

조금 더 알아보기 | 사료에서 알 수 있는 농민의 부역

경북 영천시에서 발견된 「영천 청제비」나 경북 경주시 남산에서 모두 6기가 발견된 「경주 남산신성비」의 비문을 보면 법흥왕 23년536년 7천 명의 농민을 동원하여 수리·관개 시설인 청제를 수리하고, 진평왕 13년591년 경주 남산에 신성을 쌓는 데 200여 개의 작업 집단을 편성할 때 일반 농민이 부역에 동원된 사실을 알 수 있다.

사모했으나 감히 말을 하지 못하고 있었다. 아버지가 늙은 몸으로 군인으로 나가게 된 것을 설씨가 걱정하고 있다는 말을 듣고 그녀를 찾아갔다.

"내 비록 일개 나약한 사나이지만 일찍이 원칙과 신념을 지켜 끝까지 굽히지 않는 의지와 기개를 지니고 있다고 자부하는 터이니 이 변변치 못한 몸이라도 그대의 아버님의 군역을 대신하고자 합니다."

가실이 말했다.

"고맙습니다. 아버님이 이 말을 들으시면 몹시 기뻐할 겁니다."

설씨는 매우 기뻐하며 들어가 이 말을 아버지에게 전했다.

"이보게, 안으로 들어오게나."

그녀의 아버지가 가실을 향해 말했다.

"듣자하니 그대가 늙은 사람의 걸음을 대신하고자 한다는 말을 들었네. 기쁘고 미안한 마음을 금할 수 없어서 그대의 은혜에 보답할 바를 생각해 보았네. 만일 그대가 어리석고 비루하다 하여 버리지 않는다면 어린 딸아이를 주어 그대의 아내로 삼으려 하네. 그대 생각은 어떠한가?"

"감히 바랄 바 없는 일이오나, 이야말로 저가 바로 원하던 일이옵니다."

가실이 두 번 절하고 나서 입을 열었다.

이윽고 가실이 물러나와 혼인날을 청했다.

"혼인은 사람들끼리 행할 수 있는 가장 큰 일이므로 갑자기 치를 수는 없는 일입니다. 제가 이미 마음을 허락한 이상 죽는 한이 있더라도 변함없을 것이니, 당신이 군역에 나가기 바랍니다. 당번이 교대되어 돌아온 뒤에 날을 잡아 혼례를 치러도 늦지 않을 것입니다."

곧 이어 설씨가 거울을 가지고 왔다. 그녀가 거울을 절반으로 쪼갰다.

"이것을 신표로 삼아 뒷날 맞추게 될 것입니다."

설씨가 거울 한쪽을 자신의 품속에 간직하고, 나머지 한쪽을 가실에게 건네주며 말했다.

가실에게는 기르던 말이 한 마리 있었다.

"이 말은 천하에 좋은 말인데 뒷날 반드시 쓸데 있을 것입니다. 지금 나는 걸어서 군역에 나가기 때문에 말을 길러줄 사람이 없으니, 여기에 두고 부리기를 바랍니다."

가실이 말을 끝내고 길을 떠났다.

3년의 군역이 6년이 되도록 끝나지 않다

그 뒤에 때마침 나라에 갑작스럽게 좋지 않은 일이 일어났다. 때문에 교대할 사람을 보내주지 않아 가실은 6년이 되도록 돌아오지 못했다.

"가실이 처음에 3년으로 기한을 정했는데, 이미 그 기한이 지난 지금도 돌아오지 않고 있으니 다른 사람한테 시집을 가는 게 좋지 않겠느냐?"

아버지가 딸에게 말했다.

"지난날 아버님의 몸을 편안하게 하기 위하여 어찌할 수 없이 가실과 약혼을 했습니다. 가실도 이를 믿기 때문에 여러 해 동안 군복무를 하면서 굶주림과 추위에 고생을 하고 있습니다. 더군다나 가실은 적국의 국경

• 신표(信標) : 뒷날에 보고 서로 알아보기 위해서 주고받는 물건

에 가까이에서 손에서 무기를 떼놓을 사이도 없습니다. 이는 호랑이의 아가리 가까이에 서 있는 것과 같은지라 늘 물리지나 않을까 염려됩니다. 그런데 제가 그 신의를 저버리고 언약을 지키지 않는다면 어찌 사람의 도리라고 하겠습니까? 아무래도 아버님의 명에 따르지 못하겠사오니, 두 번 다시 그런 말씀을 하지 않도록 하소서."

설씨가 분명한 어조로 말했다.

설씨의 아버지는 자신은 늙어가고 그 딸의 나이는 차므로 배우자가 없을까 걱정하여 억지로 시집을 보내려고 마음먹었다. 딸 몰래 한마을에 사는 사람과 약혼을 하고 말았다. 혼인날을 정하고 그 사람을 맞아들이려 하니 설씨는 굳게 이를 거절하였다.

설씨는 몰래 도망치려다가 뜻을 이루지 못하고 마구간으로 갔다. 가실이 두고 간 말을 보고 설씨가 큰 한숨을 내쉬며 눈물을 흘리고 있었다.

바로 그때였다. 발자국 소리가 점점 가까이 들렸다. 이윽고 해골처럼 바짝 마르고 의복이 남루한 사내가 마당으로 걸어 들어왔다. 집안사람들은 그를 알아보지 못했다.

사내가 앞으로 나가서 몸에 지니고 있던 깨진 거울 한 쪽을 던졌다. 설씨가 이것을 받아 들고 기쁨에 넘쳐 어깨를 들썩이며 소리 내어 울었.

"하늘이 도왔도다!"

아버지가 가실의 두 손을 꼭 쥐었다.

집안사람들도 기뻐하며 어찌할 줄 몰랐다.

드디어 다른 날을 잡아 혼례를 치르고 가실은 설씨와 더불어 늙도록 평생을 함께 살았다.

군역의 문제와 인간 신뢰의 정신

　신라 진평왕 때의 사람인 가실이라는 청년은 사량부에 살았다. 그는 율리에 사는 설씨녀를 사모했다. 이때 설씨녀는 늙은 아버지가 변방의 수비군으로 가게 되어 수심에 잠겨 있었다. 이 말을 들은 가실은 설씨녀를 찾아가서 그가 대신 군역을 지기로 해 변방의 수비군으로 갔다. 3년을 기약하고 떠났으나 6년 만에 돌아온 가실은 설씨와 결혼하여 해로했다.

　「설씨녀」는 가실과 설씨녀가 고난을 극복하고 혼인하게 되는 내용을 기본 서사 구조로 하여 평민들에게 자주 부과되었던 군역의 문제도 묘사하고 있다. 이 작품은 늙은 아버지와 갈등을 무릅쓰고 자신이 희생하면서까지 가실과 혼인하기로 한 약속을 지키려는 설씨녀의 자주적인 정신과 인간을 신뢰하는 태도의 묘사가 돋보이는 설화 문학 작품이다.

 **조금 더 알아보기**　이광수 단편소설 「가실」의 원작

이광수가 「동아일보」 1923년 2월 12일~1923년 12월 23일에 연재했던 단편소설 「가실」은 「설씨녀」를 소재로 한 것이다. 휴머니즘을 바탕에 깔고 있으면서 전쟁의 비극성을 다루고 있다.

전쟁에서 잡힌 포로들은 노비가 되어 귀족이나 군인들의 소유가 되었다.

전쟁 포로를 노비로 삼다

 형산강 유역에 웅크리고 있던 소국 사로국에서 출발한 신라는 주위의 소국들을 정복하면서 수많은 전쟁 포로와 토지를 확보했다. 그것들은 공을 세운 귀족들이나 군인들의 몫이 되었다. 6세기 중반 신라가 정복 전쟁에서 얻을 수 있는 가장 중요한 것의 하나가 전쟁 포로들이었다. 이 전쟁 포로들은 귀족들의 토지를 경작하거나 집안일을 도맡아 하는 노비가 되어 신라의 계급 구조에서 가장 낮은 계급으로 전락되었다. 『삼국사기』「열전」 '사다함조' 기사에는 전쟁 포로들이 귀족들의 노비가 되는 과정이 묘사되어 있다.

전쟁 포로들을 풀어 준 화랑, 사다함

이사부가 이끄는 신라 군사들은 대가야의 국경에 이르렀다. 신라 군사들은 전단량이라는 대가야의 성 근처의 언덕에 이르렀다.

"장군님, 제가 앞장설 수 있도록 허락해 주십시오."

사다함이 이사부 앞으로 나아갔다.

"넌 안 된다. 나이가 아직 너무 어려."

이사부가 한마디로 거절했다.

거듭 사다함이 앞장서서 싸움터로 나가겠다고 요청하자, 이사부는 마지못한 듯이 허락했다.

전단량 위에서 신라 군사들의 모습을 내려다보고 있던 대가야 군사들은 어린 소년이 말을 타고 달려오자 구경만 하고 있었다. 사다함은 전단량 앞으로 다가가 말을 채찍으로 세차게 후려쳤다. 말이 쏜살같이 전단량을 향해 달려갔다. 사다함은 이때를 놓치지 않고 대가야 깃발 아래서 긴 칼을 들고 군사들을 지휘하고 있는 대가야의 장군을 향해 활시위를 당겼다. 대가야의 장군이 나무토막처럼 전단량 아래로 떨어졌다. 순식간의 일이었다. 대가야 군사들이 우왕좌왕하였다.

이사부가 총공격 명령을 내렸다.

무관량이 말채찍을 세차게 휘두르며 앞으로 달려 나갔다. 신라 군사들이 전단량으로 들이치자 대가야 군사들은 맥없이 무너졌다. 전단량을 무너뜨린 신라 군사들은 대가야 궁궐로 향해 달려갔다. 대가야 군사들은 끝까지 싸웠으나 수적으로 우세한 신라 군사들을 막아 낼 수 없었다.

신라 군사들이 대가야 궁궐에 불을 질렀다. 궁궐이 불바다가 되었다. 대가야 군사들은 더 이상 싸울 힘을 잃고 항복했다. 대가야는 42년 내진주지이진아시가 나라를 세운 이래 520년 만에 역사의 저편으로 영원히 사라지게 되었다.

"무관랑, 이번 싸움에서 많이 도와주어서 고마워."
사다함이 무관랑을 그윽이 바라보며 말했다.
"우린 삶과 죽음을 같이 하기로 한 사이잖아."
무관랑이 웃으며 대꾸했다.
대가야를 정복하고 신라 군사들이 금성으로 돌아오자, 진흥왕은 대가야를 정복하는 데 공을 세운 사다함에게 포로로 잡아온 대가야 백성 3백 명을 종으로 부리라고 주었다.

"그대들이 무슨 죄가 있겠는가. 내 어찌 그대들을 종으로 부릴 수 있으리오."
사다함은 대가야 백성 3백 명 모두를 종에서 풀어 주었다.
곧 이 소문이 진흥왕의 귀에 들어갔다.
"사다함이 종으로 준 대가야 백성들을 모두 풀어 주었다고?"
진흥왕이 물었다.
"그러하다 하옵니다."
관리가 허리를 구부렸다.
"그러하다면 논과 밭을 주어 그 공로를 치하하도록 하라."

진흥왕이 사다함에게 논과 밭을 상으로 내리도록 명령했다.

"제가 어찌 그 논과 밭을 받을 수 있겠습니까? 저는 그저 신하된 도리와 백성된 도리를 다하였을 뿐이옵니다."

사다함이 논과 밭을 뿌리쳤다.

진흥왕은 사다함의 뜻을 더욱 갸륵하게 여겨, 논과 밭을 내리려는 명령을 거두어들이지 않았다.

"꼭 저에게 논과 밭을 주시려거든 알천 냇가의 모래땅을 주시옵소서."

사다함이 머리를 조아리고 청하였다.

진흥왕은 사다함의 옥 같은 마음씨를 더 이상 받아주지 않을 수 없어, 사다함이 바라는 대로 하도록 했다.

사다함이 대가야 정벌에 큰 공을 세우고 금성으로 돌아온 지도 몇 달이 지났다. 친구 무관량이 병을 얻어 시름시름 앓는다는 소식이 전해졌다. 사다함은 무관량이 누워 있는 집으로 달려갔다.

"이렇게 앓아 누워 있으면서 왜 빨리 연락을 하지 않았어?"

사다함이 앙상한 뼈만 남은 무관량의 손을 잡으며 흐느꼈다.

무관량이 입가에 희미한 미소를 지었다.

사다함이 무관량의 집을 갔다 온 지 사흘이 되던 날 저녁 어스름이었다. 무관량의 집으로부터 무관량이 세상을 떠났다는 기별이 왔다.

"아아, 무관량, 그대가 이렇게 세상을 떠나가다니!"

사다함은 슬피 울며 방바닥에 쓰러졌다. 사다함은 밥도 먹지 않고 이레 밤 이레 낮을 목 놓아 울기만 했다.

마침내 울음소리가 그쳤다. 사다함이 숨을 거둔 것이다. 그는 이렇게 삶과 죽음을 함께 하자는 친구와의 약속을 지킨 셈이었다.

그때 사다함의 나이 겨우 17세였다.

대가야 정복에 공을 세운 사다함과 포로 300명

신라 진흥왕 때의 화랑인 사다함은 내물마립간의 7대손이며, 급찬 구리지의 아들이었다. 진골 출신인 그는 생김새가 아름다웠고 특이한 성격을 가진 젊은이였다. 그는 화랑으로 추대되어 1천여 명의 낭도를 거느렸다.

진흥왕 23년인 562년, 이사부가 군사 5,000명을 거느리고 대가야를 정벌할 때 귀당비장으로 출정해 큰 공을 세웠다. 『삼국사기』 「열전」 '사다함조' 기사를 통해 화랑들이 국가에 급하거나 비상한 일이 일어날 때에는 국가를 위해 전선에 적극적으로 뛰어든다는 것을 알 수 있다. 이것은 화랑이 평소에 국가적·사회적 교육을 받았다는 사실을 의미한다.

진흥왕이 대가야 정벌에 공을 세운 사다함에게 포로로 잡아온 300명과 토지를 주었다는 『삼국사기』 「열전」 '사다함조' 기사에서 우리가 주목해야 할 점은 6세기 중엽 당시 신라의 중앙 귀족들이 소유한 노비가 많았다는 사실이다.

• 경주시 황남동 미추왕릉 지구의 황남대총 북분에서 발견된 금관

신라의 사회 한눈에 요약하기

신분 제도
성골 : 순수 왕족. 왕이 될 수 있는 자격
진골 : 왕족

6두품
- 6두품~4두품 : 일반 귀족 / • 3두품~1두품 : 평민층

◎ 설계두 이야기
- 신분제에 대한 불만으로 당나라로 간 설계두
  ▷ 특권(출세, 혼인, 큰 집, 옷 색, 장신구, 장식)에 차등이 있었음

화랑도
- 자발적인 참여의 청소년 수련 단체
- 교육적·군사적 기능 국가의 통제를 받는 반관반민 단체
- 15~16세 귀족 출신 청소년으로 구성

경제 생활
농업을 경제 기반으로 함 – 국가 차원에서 우경 시행
철기 제작 기술 발달
수공업
- 가내 수공업 : 실 생산
- 관영 공장 : 공장부, 병부(병장기), 선부(선박), 승부(마구, 수레), 육부소감전(성 축조, 수리)

동시전 설치 – 수도 서라벌의 상설 시장 중 동쪽의 시장인 '동시'를 관리

토지 제도
자영 농민 – 농토가 없거나 부족한 농민은 토지를 빌림
- 귀족에게 식읍(조세를 거둘 수 있는 지역)을 내림
- 관리에게 녹읍(직무에 대가로 주던 논밭)을 내림

수취 제도
조세 – 국가가 국민들로부터 강제적으로 획득하는 수입
공납 – 왕실이나 중앙 관부에 납부하는 지방의 토산물
조세 – 국가가 국민들로부터 모으는 노동력
– 역역(직접 노동력 제공) / 군역(16세 이상 60세 이하의 건강한 남자가 군대로 복무)

◎ 「설씨녀」 – 군역에 내몰린 평민의 사정
◎ 사다함 – 전쟁 포로들이 노비가 되는 과정을 알 수 있음

4장 가야의 사회

- 봉황동 유적지

가야의 고상 가옥은 주거지로보다는 곡식을 저장하는 창고로 사용되었다.

1. 가야의 경제 생활
2. 가야의 수공업

강과 해안을 끼고 있었던 금관가야는 어업활동이 활발했다.

1. 가야의 경제 생활

상업만으로 번성하지는 않았던 금관가야

경남 김해시 부원동 유적은 3~4세기의 주거지와 마을을 방어하기 위해 만든 인공 도랑인 환호環濠 등으로 이루어진 유적으로 구야국에서 금관가야로 발전하는 시기의 생활 유적으로 알려졌다. 1980년 발굴 조사되었으나 현재는 김해시청 건물 공사로 완전히 사라졌다. 오리 모양 토기·부뚜막형 토기·시루 등의 토기류와 철촉·철침·쇠도끼 등의 철기류 유물이 출토되었고, 쌀·보리·콩·팥·조·밀 등 곡물과 감·복숭아·밤·호두 등 과일류가 출토되어 금관가야 사람들의 식생활을 엿볼 수 있다. 출토된 곡물들로 금관가야가 이른 시기부터 밭농사와 논농사를 지었다는 것을 알 수 있다.

가야 시대에 지금의 김해시 남동부 지역은 옛 김해만으로 둘러싸여 있어서 농사짓기에 좋지 못한 환경이었다. 회현동 패총 유적에서 불에 탄

쌀인 탄화미炭化米가 출토되었고, 김해시 구산동에서 논경작지가 발굴된 것으로 보아 김해시 남동부 지역에서도 농업 활동을 했을 것으로 보이는 금관가야의 농업 활동은 지금의 김해시 서북부 지역을 중심으로 활발했을 것으로 추정된다. 농업이 최대의 산업이었던 3~5세기에 대외 교역 같은 상업 활동만으로 금관가야가 번성했다는 것은 설득력이 떨어진다.

농업이 발달한 산간 지방, 어업이 발달한 해안 지방

그리고 대가야를 비롯해 내륙 산간 지방에 자리 잡고 있던 가야 여러 나라들은 강이나 계곡의 물을 이용해 벼농사를 짓는 등 안정적으로 농사를 짓기에 좋은 입지 조건을 갖추고 있었다. 대가야는 벼농사뿐만 아니라 잡곡 농사도 지었다는 사실을, 경북 고령군 대가야읍 지산리 고분군 44호분에서 출토된 기장이 입증해 주고 있다. 경남 창원시 가음정동에서 수로·논둑과 함께 논 터가 발견되었고, 경남 진주시 대평리에서는 밭 터가, 평거동에서는 논 터와 밭 터가 발굴되어 가야 여러 나라에서 논농사와 밭농사를 지었다는 사실을 알 수 있다.

4세기 이후 가야 여러 나라는 철제 농기구를 농업에 사용했다. ˚갈이에 U자형 삽날·쟁기·쇠스랑을, ˚삶이에 호미·살포를, ˚걷이에 낫을 사용하는 농작업 형태를 갖추게 되어 농업이 한층 더 발달하게 되었다.

- 갈이 : 논밭을 가는 일. 땅을 파서 뒤집는 일
- 삶이 : 논밭을 삶는 일. 흙을 썰고 골라 무르고 부드럽게 만드는 일
- 걷이 : 추수

한편 가야의 여러 나라들은 바다를 끼고 있거나 강을 끼고 있어 어업 활동이 활발했다. 낙동강과 해안을 끼고 있던 금관가야는 어업 활동을 하기에 좋은 자연 조건을 갖추고 있었다. 가야 여러 나라의 어업 활동을 살펴볼 수 있는 유적으로 남해안 일대에 흩어져 있는 조개무지^{패총貝塚}들이 있다. 알려진 조개무지로는 김해 회현리 패총, 김해 봉황동 패총, 양산 다방동 패총, 부산 낙민동 패총, 고성 동외동 패총, 사천 늑도 패총, 창원 성산 패총, 창원 웅천 패총 등이 있다. 패총에서 출토된 어패류로는 굴, 고래, 강치, 청어, 대구 등 다양하다.

• 경주시 봉황동 유적지에 있는 회현리 패총 전시관

2. 가야의 수공업

철로 만든 농기구와 공구

가야의 무덤에서 많은 양의 철로 만든 유물이 출토되었다. 3~5세기 금관가야를 비롯한 가야 여러 나라의 발전은 철과 밀접하게 관련되어 있다. 가야의 무덤에서 출토된 철제 갑옷, 투구, 말갖춤새마구馬具 등은 이 무렵 가야의 수공업과 군사력이 상당한 수준까지 발전했음을 보여 주고 있다.

가야의 무덤에서는 농작물을 심어 가꾸거나 거두어들일 때 필요한 철제 농기구와 다른 연모를 만드는 데 사용된 철제 공구들이 많이 출토되었다. 철제 농기구로는 도끼, 낫, 손칼, 따비, 보습, 괭이 등이 있었는데, 양동리 고분과 대성동 고분에서는 U자형 삽날과 쇠스랑이 출토되었다. 논에 물꼬를 트거나 막을 때에 사용하는 농기구인 살포가 가야 소국의 하나인 다라국이 있었던 곳으로 추정되는 경남 합천군 쌍책면의 옥전 고분에서 쇠자루가 달린 채로 발굴되었다. 그리고 철제 공구들로는 톱, 끌 등이 있었다.

직조 기술과 토기

2016년 김해시 봉황동 유적에서 사발, 시루 등 생활 용기와 함께 가락바퀴가 출토되었다. 가야 여러 나라의 유적에서 출토되고 있는 가락바퀴는 실을 감는 용도로 사용되었다. 가운데 구멍이 뚫린 둥근 원판 형태의 유물로 주로 흙을 빚어 구워 만든 가락바퀴는 가야에서 실을 엮어내 직물을 만드는 작업인 직조 기술이 많이 행해졌다는 사실을 말해 주고 있다. 고령 지산동 고분군 32호분에서는 금동관을 싸고 있는 섬유 조직이 발견되었고, 고령 지산동 고분군 44, 45호분에서도 직물 흔적이 남아 있었다는 것이 밝혀졌다. 이 또한 가야에서 직조 기술이 행해지고 있었다는 점을 입증하고 있다.

가야의 수공업 제품 가운데 빠트릴 수 없는 것이 토기이다. 가야토기는 민무늬토기의 제작기술을 계승한 적갈색 연질토기와 회청색 경질토기로 나뉜다. 또한 1~3세기에 많이 만들어졌던 적갈색 연질토기는 음식물 조리 등 일상 생활에 사용한 생활용기였다. 그리고 4~6세기에 생활용기와 껴묻거리로 제작된 회청색 경질토기는 1,200℃ 이상의 고온에서 구워낸 단단한 질의 토기를 말한다. 가야의 토기 제작 기술은 일본에도 전해져 일본 고훈 시대古墳時代의 토기인 스에키須惠器의 제작에 직접적인 영향을 주었다.

삼국과 가야의 사회 한눈에 요약하기

삼국의 사회

	고구려	백제	신라
신분 제도	귀족 평민 천민	지배계층 (솔계, 덕계, 그 외) 평민계층 천인계층	성골 진골 6두품 (신분에 따라 특권에 한계)
토지 제도	왕토 사상	직속지 귀족에게 전조권 사원전	자영 농민 귀족에게 식읍 관리에게 녹읍
수취 제도	인두세 (차등을 두어 징수)	조·용·조	조세·공납·요역
특 징	형법이 군율처럼 엄격	강을 끼고 있어 수리·관개 시설 발달 수공업(민간/관영)	국가적으로 우경 시행 수공업(가내/관영 공장) 동시전 설치

가야의 사회

	금관가야	대가야
발 달	어업에 좋은 입지 조건 (해안과 강 유역)	벼농사에 좋은 입지 조건 (내륙 산간)
철제 도구		농기구, 공구, 무기 양동리 고분, 대성동 고분 – U자형 삽날과 쇠스랑 경남 합천군 쌍책면 옥전 고분 – 살포
직 조		김해시 봉황동 유적 – 가락바퀴 고령 지산동 고분군 32호분 – 금동관을 싸고 있는 섬유 조직이 발견됨 고령 지산동 고분군 44, 45호분 – 직물 흔적
토 기		적갈색 연질토기 회청색 경질토기 일본에 기술이 전해져 일본 고훈 시대의 토기인 스에키의 제작에 직접적인 영향

2부

삼국과 가야의 학문과 종교

1장 유학과 역사학

1. 한자와 유학
2. 고구려의 유학
3. 백제의 유학
4. 신라의 유학

2장 불교와 도교

1. 삼국의 불교
2. 삼국의 도교

1장 유학과 역사학

• 내물왕릉
신라 내물왕은 중국 전진과 외교를 통해 선진 문물을 수입하였다.
내물왕릉은 경주시 교동에 있다.

1. 한자와 유학
2. 고구려의 유학
3. 백제의 유학
4. 신라의 유학

고구려는 태학과 경당을 지어 유학을 교육했고,
백제는 유학을 가르치는 오경박사를 왜국으로 보냈다.
신라는 한자를 한국어 어순에 맞도록 표기했다.

1. 한자와 유학

2부

삼국과 가야의 학문과 종교

한자와 한자를 쓰는 다양한 방법

한자가 한국에 언제 들어왔는지 정확하게 알 수 있는 문헌 기록이 아직 발견되고 있지 않다. 다만 고고학 유물을 통해 한자 전래시기를 짐작할 수 있다. 경남 창원시 다호리 분묘군에서 발견된 붓 5자루는 한국에서 이른 시기에 한자가 사용되었음을 보여 주는 유물이다.

늦어도 기원전 2세기~기원전 3세기를 전후하여 한자가 한국에 전해져 한국인들이 한자를 사용하기 시작했다. 적어도 6세기 무렵부터 한국인들이 완전한 한문 문장을 사용했다는 것을 고구려 「광개토왕릉 비문」과 백제 무령왕릉 •지석이나 •매지권 등을 통해 살펴볼 수 있다.

- 지석誌石 : 죽은 사람의 인적사항이나 무덤에 대한 내용을 기록해 묻은 것
- 매지권買地權 : 죽은 사람을 묻을 땅을 매매하기 위한 계약서
  돌이나 항아리에 새겨 무덤에 함께 묻었다

• **무령왕릉 지석**
이 지석에는 왕과 왕비의 매장을 위해 땅의 신으로부터 묘지로 사용할 땅을 사들인다는 내용이 새겨져 있다.

한자의 음과 훈을 빌어 표기수단으로 수용한 유형으로는 이두吏讀를 들 수 있다. 이두는 신라 때부터 한자의 음과 뜻을 빌려 우리말을 적던 차자借字 표기법이다. 넓은 의미로는 향찰이나 구결 등을 포함하기도 한다. 일반적으로 한문을 국어 어순에 따라 배열하고 이에 토를 붙인 것을 이른다. 구결자口訣字나 향찰자鄕札字 등과 비슷하지만 약자체를 쓰지 않고 항상 정자체만 쓴다는 점에서 구결자와 다르고 어휘 형태소보다는 주로 문법 형태소를 나타낸다는 점에서 향찰자와 다르다.

불교보다 빨리 들어온 유교

유학은 중국 춘추 시대 말기에 공자와 그 제자들의 가르침인 『사서삼경四書三經』을 체계화한 사상이다. 그 유학을 종교적 관점에서 이르는 말을 유교라고 한다. 유교의 핵심 경전인 『사서삼경』에서 사서는 『논어』, 『맹자』, 『대학』, 『중용』이고 삼경은 『시경』, 『서경』, 『역경주역』을 말한다. 고구려 · 백제 · 신라는 불교를 수용하기 전에 이미 유교를 수용하였다.

한층 더 깊이 읽기   어휘 형태소와 문법 형태소

형태소는 '뜻을 가진 가장 작은 말의 단위'이다. 형태소는 '자립할 수 있는가'에 따라서 자립 형태소와 의존 형태소로, '의미의 성격'에 따라 어휘 형태소실질형태소와 문법 형태소형식형태소로 분류할 수 있다. 어휘 형태소는 개별적인 의미를 가지고 있다. 즉 "은혜가 학교에 온다."에서 '은혜', '학교', '오'와 같은 말을 이른다. 문법 형태소는 단어의 뜻을 보조하거나 단어에 자격을 부여하는 등의 문법적인 기능을 한다. '는, 에, 를, -ㅅ-' 등이다.

삼국은 불교보다 유학을 먼저 받아들였다.

2. 고구려의 유학

태학과 경당을 세워 교육하다

『삼국사기』에 기록되어 있는 「황조가」 배경 설화를 통해 이미 고구려 유리왕 시절 한자가 한국인의 의사 표현 수단으로 널리 쓰이고 있었다는 사실을 확인할 수 있다.

고구려는 372년 소수림왕 때에 태학을 세우고 유학을 가르쳤다는 기록이 역사서에 등장하는 것으로 보아 4세기 초엽부터 식자층을 중심으로 한자를 폭넓게 사용했다는 사실을 유추할 수 있다.

『구당서』「열전」'동이전 고려조'에 다음과 같이 기록되어 있다.

"고구려인들의 습속은 서적을 매우 좋아하여 거리마다 경당扃堂이라는 큰 집을 짓고, 혼인하지 않은 자제는 이곳에서 밤낮으로 독서하고 활쏘기를 익히며, 『오경』과 『사기』, 『한서』, 범엽의 『후한서』, 『삼국지』, 손성진의 『춘추』, 『옥편』, 『자통』, 『자림』, 『문선』 같은 서적을 매우 소중히 여겼다."

『구당서』의 기록을 살펴보면, 이 시기에 오면 고구려인들이 한문으로 된 서적을 폭넓게 읽었다는 사실을 확인할 수 있다. 오경五經은 유학의 기본 경전으로 『시경』·『서경』·『주역』·『춘추』·『예기』를 가리켜 일컫는다. 태학은 고구려의 상류층의 자제를 대상으로 교육하는 관학이었고, 경당은 평민층을 교육대상으로 삼았던 서민 교육기관이었다.

유학과 역사서의 편찬

414년에 장수왕이 세운 「광개토대왕비」의 한문 문장을 통해 고구려인들의 한문 실력이 어느 정도인지, 유학이 정치사상적으로 어떻게 표현되었는지 알 수 있다. 「광개토대왕비」에 보이는 "이도흥치以道興治"라는 표현은 "올바른 이치로써 더불어 다스린다."는 뜻으로 고구려에서 유학이 정치사상적으로 분명히 나타나는 사례라 할 수 있다. 그리고 6~7세기경에는 외교 문서가 고구려와 중국 사이에 오고간 기록이 여러 문헌에 나온다.

한자와 한문의 토착화는 곧 역사서의 편찬을 가져왔다. 고구려 영양왕이 태학박사 이문진에게 명하여 고구려 역사서『신집』5권을 편찬하게 했다는 기사가『삼국사기』「고구려본기」'영양왕 11년조'에 실려 있다.

"영양왕 11년628년 봄 정월에 임금이 조서를 내려서 태학박사 이문진에게 명하여 고사古史를 줄여『신집』5권을 만들도록 했다. 국초에 처음으로 문자를 사용할 때에 어떤 사람이 사실을 기록해 100권으로 만들어『유기』라 했는데, 이때에 이르러 줄이고 다듬은 것이다."

왕의 어짊과 신하의 충성을 강조한 국상, 창조리

300년 봄, 지진이 났다. 봄부터 가을까지 비가 한 방울도 내리지 않아 곡식들이 노랗게 말라 흉년이 들었다. 백성들이 서로 잡아먹었다. 봉상왕은 국내성의 15세 이상의 남녀들을 징발해 궁실을 수리했다. 백성들은 산과 계곡으로 몰려가 나무껍질을 벗기고 물고기를 잡아, 허기진 배를 채웠다. 백성들이 굶주림에 지쳐 아우성을 쳤다.

"하늘의 재앙이 거듭 되고 곡식은 노랗게 타들어가 농작물의 수확을 제대로 못해, 백성들이 어찌할 바를 몰라 젊은이들은 사방으로 흩어져 먹을 것을 찾아 나그네로 떠돌아다니고 있습니다. 늙은이와 어린이들은 개천과 구덩이에 뒹굴고 있습니다. 이는 진실로 하늘을 두려워하고 백성을 걱정하여 조심하고 스스로를 되돌아볼 때입니다. 대왕께서는 한 번도 이를 생각하지 않으시고 굶주린 백성들을 불러 모아 토목 공사를 하게 하여 백성들을 부역에 시달리게 하고 있습니다. 백성들의 부모로서 본의에 매우

> **한층 더 깊이 읽기**　　『유기』에 대한 해석
>
> 이문진이 『유기』 100권을 줄여 『신집』 5권을 편찬한 것으로 보는 것이 대체적인 학계의 견해이다. 한편 '유기留記'를 역사서 『유기』로 해석하는 것이 아니라 '남겨진 기록'으로 해석하여 "국초國初에 처음으로 어떤 사람이 사실을 기록해 100권으로 만들어 『유기』라 했는데"라는 구절을, "국초에 처음 문자를 사용할 때에 어느 사람이 일을 기록하였는데 (그것이 쌓여) 100권에 이르렀다."라고 해석하는 견해도 있다.

어긋나는 것이라고 생각합니다. 더군다나 가까운 이웃 나라에 강한 적이 있는지라 그들이 만일 우리가 피폐해진 틈을 타서 쳐들어온다면 나라와 백성들은 어떻게 되겠습니까? 바라옵건대 대왕께서는 이 점을 깊이 헤아려 주소서."

국상 창조리가 봉상왕에게 나아가 아뢰었다.

"국상은 어찌 그러한 말을 하느냐? 임금이란 백성들이 우러러 보는 것인데, 궁실이 웅장하고 화려하지 않으면 어찌 위엄의 중함을 보여 줄 수 있겠느냐? 국상은 나를 비방함으로써 백성들의 칭송을 받으려 하는 게 아닌가?"

봉상왕이 말끝을 높였다.

"임금이 백성을 돌보지 않으면 어진 것이 아니며, 신하가 임금에게 간하지 않으면 충성이 아닙니다. 제가 국상의 자리에 있는 이상 감히 말씀드리지 않을 수 없는 것이온데, 어찌 감히 백성들의 칭송을 받으려 하는 것이겠습니까?"

창조리가 허리를 굽히고 말했다.

"국상은 백성을 위해 목숨을 내놓겠다는 말인가? 뒷말이 없길 바란다."

봉상왕이 창조리를 내려다보며 말했다.

창조리는 마음이 너무 괴로웠다. 도저히 봉상왕의 마음을 고칠 수가 없다는 것을 깨달았다. 봉상왕 앞에서 물러나와 여러 가지 생각에 잠겼다.

창조리는 뜻있는 신하들을 봉상왕 모르게 불러 모았다.

"왕이 정치를 엉망으로 하고 있소. 이대로 나가다가는 이 나라 백성들은 모두 굶어 죽고 말 거요. 또 왕은 자신의 잘못을 고치도록 내가 이야기해도 말을 도무지 듣지 않소. 이제는 이대로 도무지 참을 수가 없소."
창조리가 무겁게 입을 열었다.

창조리는 뜻이 맞는 신하들과 함께 새로 임금을 세우기로 했다. 그러나 누구를 새 임금으로 세워야 할지 쉽게 결정할 수 없었다. 왕족 중에 왕위에 오를 만한 사람은 봉상왕에게 죽임을 당하거나 봉상왕의 칼날을 피해 멀리 도망을 치고 없었기 때문이었다. 그들은 살아남아 있는 사람 가운데 을불이 새 임금으로 모시기에 적당하다고 의견을 모았다.

봉상왕은 화창한 날을 택하여 후산 북쪽으로 사냥을 나갔다.
봉상왕의 사냥 행차에는 많은 신하들이 따라갔다. 창조리도 함께였다. 봉상왕은 말을 타고 산등성이를 달리면서 연방 활을 당겼다. 사슴이 꺼꾸러졌다. 꿩이 거칠게 날갯짓을 해대며 떨어졌다.
봉상왕이 탄 말과 창조리가 탄 말 사이의 거리가 멀어졌다.

"여러분, 나와 뜻을 같이 할 사람은 지금 나와 같이 행동을 해 주시오."
창조리가 갈잎 하나를 따서 자기의 관에 꽂았다. 조불과 소우가 재빨리 갈잎을 꺾어 창조리를 따라 관에 꽂았다. 그러자 그곳에 모여 있던 군사들도 갈잎을 꺾어 관에 꽂았다. 그들은 그것이 무엇을 뜻하는지를 잘 알고 있었다. 봉상왕을 왕위에서 끌어내리자는 신호였던 것이다.

서늘한 바람이 불어 왔다. 창조리는 채찍으로 말을 세차게 후려쳤다. 창조리가 탄 말이 앞으로 세차게 뛰어나갔다. 그 뒤를 조불과 소우가 탄 말이 뒤쫓았다.

"상감마마, 하늘의 뜻입니다."

창조리가 건조한 목소리로 말했다.

봉상왕의 얼굴에 푸른 기가 돌 만큼 핏기가 없어졌다.

"네 이놈, 창조리! 네가 감히, 나를…."

봉상왕이 떨리는 목소리로 소리쳤다.

그러자 조불과 서우가 창끝을 봉상왕의 옆구리에 갖다 댔다. 군사들이 봉상왕을 빙 둘러쌌다.

봉상왕은 분했다. 그러나 어쩔 수 없었다. 국내성으로 돌아와 창조리는 봉상왕을 별실에 가두고 병사들로 하여금 철저히 감시하게 했다. 봉상왕은 맹수처럼 울부짖으며 손톱으로 벽을 긁어 댔다.

"이제 나의 때가 다 되었구나."

봉상왕은 스스로 목숨을 끊었다. 그의 두 아들도 스스로 목숨을 끊었다.

유교 정치 사상의 기준인 어짊과 충을 내세운 창조리

봉상왕이 왕위에 오를 무렵 고구려는 전제 왕권이 강화되어 갔다. 그런데 이 무렵 이를 제약하기 위한 새로운 유교 정치 사상이 싹트기 시작했다. 이것을 우리는 봉상왕 폐위 사건에서 살펴볼 수 있다. 창조리가 봉상왕에게 폭압적인 정치의 시정을 요구하면서 내세운 것은 백성들의 여론과 통치자가 갖추어야 할 덕, 즉 어짊인仁과 충성忠이었다.

2부

삼국과 가야의 학문과 종교

창조리는 유학의 가치인 어짊仁과 충성忠을 강조했다.

3. 백제의 유학

논어와 천자문을 전할 만큼 발달한 한자 문화

백제도 고구려처럼 일찍부터 한나라 군·현을 통해 한자를 받아들였던 것으로 보인다. 472년, 개로왕이 고구려 남침을 호소하여 북위에 보낸 국서인 「걸병서」는 당시 백제의 뛰어난 한문 수준을 잘 나타내 주고 있다. 1948년 충남 부여에서 발견된 「사택지적비」의 비문碑文은 문장이 유려해 백제의 한문 수준이 상당히 높았음을 알 수 있다.

『일본서기』의 기록을 보면, 오진천황응신천황應神天皇 대에 아직기와 왕인이 왜국으로 건너가 『논어』와 『천자문』 등을 전했다고 한다. 『주서』 「이역열전」 '백제조'에 "백제인들의 습속은 말타기와 활쏘기를 중히 여기며 아울러 경전과 역사서를 애독하여, 뛰어난 사람은 자못 한문을 읽고 지을 줄

• 국서國書 : 한 나라의 임금이 그 나라의 이름으로 외국에 보내는 문서

도 알았다."라는 구절이 있다. 이 무렵 백제에 유학이 널리 퍼져 있음을 말해 주는 대목이다. 또 성왕 19년인 541년에는 중국 양나라에 사신을 보내 석가모니의 죽음에 관하여 풀이한 경전인 『열반경』 등 불교 경전을 수입하고, 『시경詩經』의 주해서인 『모시毛詩』에 능통한 전문가인 모시박사를 초빙하였다.

역사서를 편찬하고 오경박사를 두다

백제에 한문이 널리 사용되었다는 것을 보여 주는 것으로 역사서 편찬을 들 수 있다. 『삼국사기』 「백제본기」 '근초고왕 30년조'에 다음과 같은 기사가 실려 있다.

"옛 기록에 이르기를 '백제는 나라를 세운 이래 문자로 일을 기록한 것이 없었다가 근초고왕 때에 와서 박사인 고흥을 얻어 비로소 서기書記를 갖게 되었다.'라고 한다. 그러나 고흥의 이름이 한 번도 다른 책에 나타난 적이 없으니, 그가 어떤 사람인지 알 수 없다."

이 기사는 근초고왕이 "겨울 11월에 왕이 죽었다."라는 기사 뒤에 실려 있다. 이것은 『서기』가 근초고왕이 왕위에 있는 동안에 고흥에 의해 편찬되었지만, 어느 해인지는 정확하게 알 수 없었기 때문에 근초고왕의 사망 기사 뒤에 실은 것이다.

위 기사의 "박사인 고흥을 얻어" 라는 구절에서 '박사'는 오경박사일

것이다. 백제는 여러 전문 분야에 관한 박사들을 두었다. 그 가운데 『시경』·『서경』·『주역』·『춘추』·『예기』 등 경서에 능통한 사람을 오경박사라고 했다.

그리고 『일본서기』에 인용된 백제의 역사서로 『백제기』·『백제신찬』·『백제본기』 등의 이름이 등장하는 것으로 보아 백제에 『백제기』·『백제신찬』·『백제본기』 같은 역사서가 실제로 있었을 가능성이 크다.

• 일본에 천자문과 논어를 전해 준 왕인 조각상(영암 왕인 박사 유적지)

4. 신라의 유학

삼국 중 가장 늦게 한자가 전래되다

내물마립간 26년인 381년, 신라가 전진에 사신을 보낸 기록이 역사서에 나온다. 이를 보면 고구려와 백제에 비하여 한자의 전래가 늦은 시기에 있었을 것이다. 하지만 「포항 냉수리신라비」 비문을 읽어보면 3~4세기 전후에는 신라에서 한자가 사용되었을 것으로 추정된다. 지증마립간(지증왕) 때 왕호를 '마립간'에서 중국식인 '왕'으로 고쳐 부르고, 법흥왕 때는 법령을 반포하고 불교를 공인했다. 이러한 과정을 거치면서 신라는 한자와 유학이 빠르게 보급되었을 것으로 보인다. 「진흥왕 순수비」, 「포항 중성리 신라비」, 「포항 냉수리 신라비」, 「울진 봉평리 신라비」 등의 비문들은 당시 신라인들의 한문 능력이 어느 정도인지를 짐작케 한다. 특히 「진흥왕 순수비」에 "제왕은 연호를 세워 자기를 닦음으로써 백성을 편안하게 하지 않음이 없다."라는 구절은 『논어』 「헌문편」에서 인용한 구절로 유학적 사고방식을 잘 보여 주는 예이다.

한자 표기 방법을 보여 주는 임신서기석

한자를 한국어 어순에 맞도록 구조대로 표기하는 방법으로 수용한 사례로 현재까지 전하는 대표적인 자료로는 임신서기석壬申誓記石이 있다. 이두문으로 쓰인 임신서기석은 한자어를 빌어 한국어 자체를 표기한 것이 아니어서 한자어를 빌어 한국어 자체의 표기를 시도한 향찰과는 구별된다.

"임신년壬申年 6월 16일 두 사람은 함께 맹세한다. 기록하여 하늘 앞에 다짐한다. 지금으로부터 3년 후에 충성된 길에 나아가고 과실이 없기를 맹세한다. 만일 이 일을 어기면 하느님으로부터 큰 죄를 얻을 것이라고 다짐한다. 만일 나라가 불안하고, 세상이 크게 어지럽게 되더라도 행할 것을 맹세한다. 또한 따로 먼저 신미년 7월 22일에 크게 맹세하였다. 『시』, 『상서』, 『예』, 『전』을 차례로 습득하기를 다짐하되 3년으로 하였다."

임신년은 진흥왕 13년인 552년 혹은 진평왕 34년인 612년으로 추정된다. 삼국 통일 시기 이전 신라에서 유학이 널리 보급되었음을 알려 주는 임신서기석은 화랑으로 짐작되는 두 사람이 유학 경전의 학습에 힘써 실천할 것을 맹세한 금석문金石文이다. 임신서기석에 새겨진 글의 끝 부분에 나오는 신미년은 진흥왕 12년인 551년 혹은 진평왕 33년인 611년으로 추정된다. 임신서기석 내용 가운데 주목되는 대목은 "『시』, 『상서』, 『춘추좌전』을 차례로 습득하기를 다짐하되 3년으로 하였다."라는 구절이다. 『시』는 『시경』, 『상서』는 『서경』, 『예』는 『예기』, 『전』은 『춘추좌씨전』을 가리킨다.

임신서기석을 통해 신라에서 청년들이 유교 경전을 습득하는 데 많은 힘을 쏟았다는 내용이 적혀 있어 신라인이 가졌던 유학 사상의 일면을 살펴볼 수 있다.

한편 신라의 역사서 편찬에 관한 기사는 『삼국사기』 「신라본기」 '진흥왕 6년조'에 보인다.

"진흥왕 6년545년 가을.
'나라의 역사라는 것은 왕과 신하들의 잘잘못을 기록하여 좋고 나쁜 것을 길이 후대에 보여 주는 것입니다. 역사를 편찬하지 않는다면 뒷날에 무엇을 볼 것입니까?'
이찬 이사부가 진흥왕에게 아뢰었다.
진흥왕이 깊이 동감하였다. 그는 대아찬 거칠부 등에게 명하여 글을 잘 아는 문사들을 널리 구해 『국사』를 편찬하게 하였다."

진흥왕 때 편찬된 『국사』는 현재 전해지지 않아 그 구체적인 내용은 알 수 없다. 지증왕·법흥왕 대의 정복 전쟁의 승리, 불교 공인, 대왕제의 실시, 독자적인 연호의 사용 등 정치적 업적을 기술하는 것을 주목적으로 편찬했을 것으로 보는 견해가 있다.

조금 더 알아보기 　임신서기석

1934년 경북 경주군 현곡면 금장리 석장사터 부근 언덕에서 발견되었다. 경북 경주군은 현재의 현재의 경주시이다. 길이 약 34센티미터, 윗너비 11센티미터이고 두께 약 2센티미터의 돌에 1센티미터 정도의 문자 74자가 새겨져 있다. 글자는 송곳 같은 것으로 다소 거칠게 새겼는데, 모두 5행으로 이루어졌다. 글자가 새겨진 면은 위가 약간 넓고 아래로 갈수록 좁다.

죽어서도 충을 지킨 신하, 김후직

진평왕은 사냥하기를 좋아하였다. 자연히 나랏일을 다스리는 데 소홀하게 되었다.

"옛날에 왕께서는 날마다 정사를 깊이 생각하고 앞일을 크게 염려하셨으며, 좌우의 바른 선비들의 정직한 간언을 받아들이셨고, 모든 일에 부지런하고 힘써서 감히 편안하지 않은 적이 없었습니다. 그래서 정사를 어질고 순조롭게 펼쳐 나라를 편안하게 보전할 수 있었습니다. 그러하온데 지금 대왕께서는 날마다 정신 나간 이들이나 사냥꾼들과 함께 매를 날리고 개를 풀어 놓아 꿩과 토끼를 잡으려고 산과 들로 뛰어다니기를 그만두지 않고 있습니다. 노자가 말하기를 '산을 달려 사냥을 하러 돌아다니면 사람의 마음을 미치게 한다.'고 하였고, 『서경』에는 '안으로 여자를 밝히거나 밖으로 사냥에 빠지거나 이 중에 한 가지라도 한다면 곧 망하지 않는 사람이 없다.'고 하였습니다. 이를 두고 보면 안으로는 마음이 방탕하게 되실 것이고, 밖으로는 나라를 망치는 것이라 가히 살피지 않을 수 없습니다. 대왕께서는 이를 깊이 생각하소서."

김후직은 간절히 아뢰었다.

그 뒤에도 김후직은 여러 번 진평왕에게 간절히 아뢰었다. 그러나 진평왕은 끝내 김후직의 말을 듣지 않았다.

'나라의 앞날이 걱정되는구나.'

• 간언諫言 : 웃어른이나 임금에게 하는 충고

김후직은 병상에 눕게 되었다. 그는 자신이 곧 죽을 것이라는 사실을 알고 있었다. 세 아들을 불렀다.

"나는 신하된 사람으로서 임금의 그릇된 점을 바로잡지 못하였다. 대왕께서 사냥놀이를 그치지 않으므로 나라가 망하지 않을까 걱정된다. 내 비록 죽더라도 반드시 이를 생각하여 임금을 깨우쳐야 할 것이니, 나의 뼈를 대왕께서 사냥 다니는 길목에 묻기를 바란다."

김후직이 말을 끝내고 고개를 베개 아래로 늘어뜨렸다.

세 아들은 김후직의 시체를 진평왕이 사냥놀이를 하러 다닐 때 꼭 지나가는 길목에다 파묻었다.

"며칠 사냥을 안 갔더니 팔다리가 쑤시는구나."

진평왕은 관리들에게 사냥을 떠날 차비를 하라고 명령했다.

진평왕 일행이 궁궐을 떠나 사냥터로 가는 길목에 막 들어섰을 때였다.

'사냥가지 마소서.'

바람 소리에 섞여 무슨 소리가 들려왔다.

진평왕은 귀를 세웠다.

"이상한 소리가 들려왔는데 너희들은 못 들었느냐?"

진평왕이 주위를 살펴보았다.

'사냥가지 마소서.'

바람 소리에 섞여 이상한 소리가 또 다시 들려왔다.

"이 소리는 김후직의 무덤에서 나는 소리입니다."

신하들이 아뢰었다.

"뭐, 뭣이라고! 죽은 김후직의 소리라고!"

진평왕이 눈을 커다랗게 떴다.

신하들이 김후직이 죽기 전에 남긴 말을 진평왕에게 전했다.

"아아, 그 사람의 충성이 죽어서도 나를 잊지 않고 간언하니, 나를 사랑하는 마음이 이토록 지극하구나. 만약 내가 끝까지 이를 고치지 않는다면 무슨 면목으로 다시 그의 영령을 대할 것인가."

진평왕이 눈물을 흘렸다.

그 후 진평왕은 죽을 때까지 다시는 사냥을 하지 않았다.

유교 정치 사상의 확대를 보여 주는 「상진평왕서」

김후직이 죽은 뒤 무덤 속에서까지 왕의 잘못을 아뢴 「상진평왕서上眞平王書」는 『노자』와 『서경』까지 인용하여 진평왕이 나라를 다스리는 일에 소홀함을 일깨운 것으로 알려져 있다. 전제 왕권을 제약하기 위해 나라를 다스리는 왕으로서의 덕德을 요구하고 있는 「상진평왕서」를 통해 우리는 고대 국가의 기반이 확립된 신라 진평왕 대에 이르러 유교 정치 사상이 확대되고 있음을 살펴볼 수 있다.

2장 불교와 도교

• **정암사**

강원도 정선군 고한읍에 있는 정암사는 신라 선덕여왕 때 고승 자장율사가 645년에 금탑, 은탑, 수마노탑을 쌓고 그 중 수마노탑에 부처님의 진신사리와 유물을 봉인한 후 건립하였다.

1. 삼국의 불교
2. 삼국의 도교

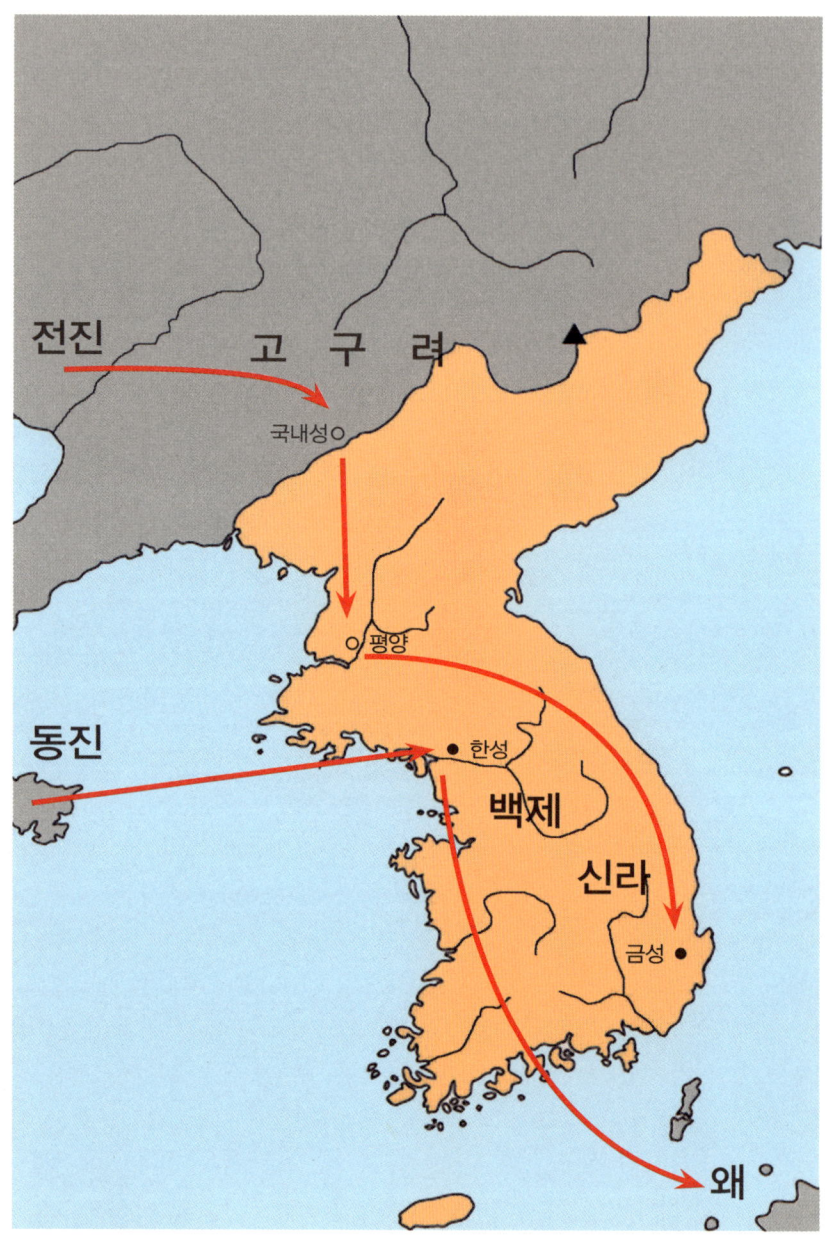

• 삼국의 불교 전래

1. 삼국의 불교

고구려의 토속 신앙 - 제천행사 동맹

『삼국지』「위서」'동이전'에 고구려 사람들의 토속적인 신앙 생활을 엿볼 수 있는 기록이 있다.

"그 나라의 동쪽에 커다란 동굴이 하나 있는데, 그 이름을 '수혈隧穴'이라 한다. 10월 국중대회에서 수혈신隧神을 맞이하여 나라 동쪽 물 위로 돌아와 수신水神에게 제사를 지냈다."

고구려 사람들은 10월에는 수도에서 개최되었던 대규모 제천행사인 국중대회國中大會를 열었는데 동맹이라 했다. 온 백성들이 춤을 추고 노래를 부르며 국내성의 동쪽에 있는 커다란 동굴인 국동대혈國東大穴에서 건국 시조인 주몽과 그 어머니 유화부인을 조상신으로 섬겨 제사를 지냈다.

연맹 왕국의 국왕은 시조에 대한 제사를 받들면서 천신의 후계자로 자처함으로써 자신의 권위를 높이려 하였다. 그러나 연맹 왕국 단계를 거쳐 중앙집권 국가로 발돋움하면서 토속 신앙으로는 확대된 사회를 이끌어 나갈 수 없게 되었다. 이에 따라 삼국 및 가야는 새로운 종교인 불교를 받아들여 국민의 정신적 통일을 꾀하게 되었다. 초기 불교의 성격은 대승불교와 소승불교가 뒤섞여 들어와 사상적인 통일을 보기가 어려웠다. 초기 불교는 토착 신앙을 아우르면서 보급되었으므로 샤머니즘적 성격을 띠고 있었으며, 왕실과 귀족 중심으로 불교가 퍼져나갔기 때문에 귀족 불교적 특징을 가지고 있었다.

고구려는 제천의례를 행하는 하늘, 즉 천신에 대한 신앙인 천신 신앙, 시조묘인 동명왕묘에 제사를 지내는 조상숭배 신앙, 나라 동쪽의 수혈隧穴이라는 큰 굴에 제사를 지내는 등 땅에 대한 신앙인 지신 신앙 등의 토착 신앙이 있었다.

불교에 대한 거부감이 적었던 고구려

중국 문화에 익숙해 있던 고구려는 중국을 통해 들어온 불교에 대한 거부감이 적었다.

모용씨 집단이 세운 전연은 요녕성과 하북성 등을 중심으로 성장하면서 그 동쪽에 있던 고구려와 자주 충돌하였다. 고구려는 전연과 충돌한 후 이를 견제하기 위해 전진前秦과 우호 관계를 유지하였다. 372년, 소수림왕 때 중국 전진의 왕 부견이 중 순도를 시켜 불상과 불경을 고구려에

• **국동대혈**
고구려 도읍 동쪽에 있던 동굴. 제천의식을 지낼 때 사용했다.

보내면서 고구려에 불교가 수용되기 시작하였다. 이에 소수림왕은 사신을 보내 감사의 뜻을 전했다. 그리고 374년에는 아도가 남조 동진으로부터 왔다. 소수림왕은 이듬해인 375년에 성문사를 지어 순도를 그곳에 머물도록 하고, 이불란사를 세워서 아도를 머무르게 하였다. 이 두 절은 한국에 세워진 최초의 절이었다.

광개토왕은 평양성에 9개의 사찰을 지어 적극적으로 불교를 장려하였다. 고구려의 유명한 승려로는 보덕과 혜량이 있었다. 혜량은 신라로 들어가 최초의 •국통이 되었으며, 보덕은 보장왕이 도교를 장려하는 데 반발하여 백제로 건너가 열반종을 처음 열었다.

• 국통國統 : 왕의 고문이자 불교 정책의 총책임을 맡던 승려의 직무
각종 의식이나 사원의 운영을 관할했다

도교 장려 정책에 반발해 백제로 간 승려 보덕

보덕이 평양성에서 살고 있을 때였다. 어느 날 늙은 승려가 찾아왔다.

"스님께서 『열반경』에 밝다고 하니 강의를 해 주시길 청합니다."

늙은 승려가 간청했다.

"제가 뭐 아는 게 있어야지요."

보덕은 손을 앞으로 내저으며 사양했다.

늙은 승려가 거듭 간청하자, 그는 『열반경』 40여 권을 강의했다. 『열반경』은 열반에 관한 사상을 적은 불교 경전을 말한다. 원래 열반은 불을 입으로 불어 끄는 것, 불에서 꺼진 상태 등을 나타내며, 타오르는 번뇌의 불을 없애서 깨달음의 지혜인 보리를 완성한 경지를 말하는 것이다.

보덕이 대보산 암혈 밑에서 지내고 있던 어느 날이었다. 신인神人이 그를 찾아왔다.

"저도 이곳에 함께 지낼 수는 없는지요?"

신인이 물었다.

 **조금 더 알아보기** 성문사에 대한 다른 기록

성문사에 대해 서로 다른 기록이 전해진다. 고려 충렬왕 2년1281년경에 일연이 편찬한 『삼국유사』에는 소수림왕 5년375년에 소수림왕이 초문사라는 절을 짓고 순도를 머물게 했다고 기록하고 있고, 고려 고종 2년1215년에 각훈이 편찬한 『해동고승전』에는 소수림왕 3년373년 소수림왕이 성문사를 짓고 순도를 머물게 했다고 기록되어 있다. 『삼국유사』에 등장하는 '초문사'는 『해동고승전』에 등장하는 '성문사'의 오식으로 보는 견해도 있다.

"왜 함께 지낼 수 없겠소. 허나 워낙 불편해서 어떨는지 모르겠습니다."
보덕이 신인에게 앉기를 권했다.
"여길 파면 탑이 있을 겁니다."
보덕은 신인의 말이 예사스럽지 않다고 생각했다.
 땅을 파 보니 과연 탑이 나왔다. 보덕은 그곳에 절을 세워 영탑사라고 이름 짓고, 그곳에 머물렀다.

보장왕이 연개소문의 진언을 받아들여 도교를 청하러 당나라에 사신을 보낸다는 소문이 돌았다. 그 무렵 반룡산 연복사에 머무르고 있던 보덕은 보장왕을 만나고자 궁궐로 들어갔다.

"도교와 같은 잡스런 종교가 불교와 같은 정통 종교와 함께 퍼지게 하는 날에는 나라가 위태롭게 됩니다. 깊이 생각하소서."

보덕이 말했다.

"그 이야긴 이미 다 끝난 이야기요. 사신은 이미 당나라로 떠났소."

보장왕이 불쾌한 얼굴을 하고 말했다.

"상감마마, 도교는 아니 됩니다. 깊이 생각하시옵소서."

보덕이 거듭 아뢰었다.

"글쎄 이미 끝난 이야기라고 하지 않았소!"

보장왕이 역정을 냈다.

보덕은 궁궐에서 물러 나오자 앞으로 어떻게 할 것인가를 생각했다.

당나라 태종이 서달 등 도사 여덟 사람을 고구려로 보냈다. 보장왕은 기뻐하며 절을 도관道觀으로 삼았다. 그리고 도사들을 높여 유교 선비의 윗자리에 앉게 하였다. 도사들이 나라 안의 이름난 산과 강을 찾아다니며 토지 신을 진압하는 행사를 하였다.

보덕은 보장왕이 도교 진흥 정책을 계속 쓰는 것을 보고, 고구려를 떠나기로 마음먹었다. 그는 자신의 거처를 백제의 완산주의 고대산으로 옮겨가 경복사를 짓고 열반종을 처음 열었다. 그 후 경복사는 열반종의 대표 사찰이 되어 수많은 학승들이 모여들어 『열반경』을 공부하는 곳이 되었다.

열반종을 연 승려 보덕

고구려의 승려인 보덕은 평안도 용강현 출생으로 태어난 해와 죽은 해를 알 수 없다. 열반종을 처음 연 사람이다. 보장왕이 도교를 존중하고 불교를 숭상하지 않으니 국운이 위태롭게 될 것을 걱정하여 여러 차례 왕에게 간하였다. 왕이 이를 듣지 않자 백제로 갔다. 완산주의 고대산에 경복사를 짓고 살았다. 그의 제자 가운데 무상은 금동사를, 적멸과 의융은 진구사를, 지수는 대승사를, 일승은 심정·대원 등과 대원사를, 수정은 유마사를, 사육은 계육과 함께 중대사를, 개원은 객원사를, 명덕은 연구사를 각각 창건하였다.

거칠부와 만나 신라로 간 혜량

백제와 신라는 고구려를 들이칠 계획을 짜고 연합하여 군사를 일으켰다. 백제의 성왕은 군사들을 이끌고 고구려의 남평양을 공격하기 위해 웅진을 출발했다. 남평양은 지금의 서울이다.

신라 군사들을 이끄는 총사령관은 거칠부였다. 대각간 구진, 각간 비태, 잡찬 탐지, 잡찬 비서, 파진찬 노부, 파진찬 서력부, 대아찬 비차부, 아찬 미진부 등 8명의 장군이 그의 뒤를 따랐다.

대가야의 군사들도 포함된 백제 군사들과 거칠부가 이끄는 신라 군사들은 연합하여 동쪽으로 죽령 이북의 고구려 땅을 빼앗고, 서쪽으로 나아가 한강 유역 공격에 나섰다. 본래 백제 땅이었기 때문에 백제 군사들은

- 완산주 : 현재의 전북 전주시
- 국운國運 : 나라의 운명

• 진구사의 석등
  진구사는 승려 보덕의 제자인 적멸과 의융이 창건한 절이다.

한강 주변의 지형에 밝았다. 그들은 고구려 군사들을 밀어내고 한강 이남의 땅을 되찾았다. 한편 신라 군사들은 한강 상류의 10개 군을 고구려로부터 빼앗았다.

고구려 군사들이 물러간 뒤 무너진 성에서 가사를 길게 늘어뜨린 승려 하나가 천천히 걸어 나왔다. 전보다 많이 늙기는 했으나 혜량이었다.

"혜량 스님이 아니옵니까?"

거칠부는 깜짝 놀라며 말에서 뛰어내렸다. 그는 혜량에게 공손히 인사를 하였다.

"이게 얼마만인가?"

혜량이 거칠부의 손을 잡으며 말했다.

거칠부는 내물마립간의 5대손으로 아버지는 소지마립간의 장인이었다. 내물마립간 계통의 왕족 후손으로 태어난 그는 어려서부터 스스로 행동에 구애되지 않았다. 그는 머리를 깎고 승려가 되어 사방을 떠돌아다녔다. 마침 고구려를 엿보고자 그 나라로 몰래 들어갔다. 혜량이 법당을 짓고 불경을 강설한다는 말을 듣고 혜량을 찾아갔다. 그는 한쪽 구석에 다소곳이 앉아 혜량이 강설하는 것을 조용히 들었다.

"사미는 어디서 왔는고?"

혜량이 물었다. '사미'는 불도를 닦는 20세 미만의 어린 승려를 이르는 말이었다.

"신라에서 왔습니다."

거칠부가 대답했다.

그 날 밤 혜량이 거칠부를 조용히 따로 불렀다.

"나는 사람을 많이 만나 보았소. 사미의 생김새를 보니 반드시 보통 사람이 아니오. 그대는 가슴 속에 딴 마음을 품고 있지 아니한가?"

혜량이 낮은 목소리로 물었다.

"저는 신라의 한쪽 구석 지방에서 태어났기 때문에, 아직 불교의 진리를 듣지 못했습니다. 스님의 높은 이름을 듣잡고 이렇게 찾아왔습니다. 원하옵건대 이를 거절하지 마시고, 어리석음을 깨우쳐 주시옵소서."

거칠부는 머리를 조아리고 가르침을 청하였다.

"내 비록 늙고 아는 것이 부족하지만, 자세히 보니 그대는 보통 인물이 아니오. 이 나라가 비록 작다고는 하지만 사람을 알아보는 사람이 없다고는 할 수 없소. 그대를 신라 사람으로 알아보고 그대를 붙잡을까 염려되어 이를 가만히 알려 주는 거요. 빨리 신라로 돌아가는 게 좋을 것이오."

"……."

"내 눈이 틀림없을 것이오. 그대의 인상을 보니 제비와 같은 턱과 매와 같은 눈은 장차 그대가 반드시 장수가 될 걸 말해 주고 있소. 만약 장차 군사를 일으켜 고구려로 쳐들어오는 날이 오거든 나를 잊지 말아 주시오."

혜량은 앞날을 내다보고 있었다.

"만약 스님의 말씀대로 되는 날에는 스님과 좋게 지내지 않겠습니까? 그것은 밝은 햇빛과 같이 분명할 것입니다."

거칠부는 말을 끝내고 떨어지지 않는 발걸음을 돌렸다.

이렇게 고구려에서 신라로 돌아온 거칠부는 벼슬길에 나서 마침내, 대아찬에 이르렀던 것이다. '대아찬'은 신라 17관등 중 제5등으로서, 진골만이 받을 수 있는 관등이었다.

"그때 스님 덕택으로 이 목숨을 보존할 수 있었습니다. 무엇으로 그 은혜를 갚아야 할 지 모르겠습니다."

"우리 고구려는 지금 정치가 어지러워 멸망할 날이 멀지 않은 것 같소. 그대의 나라로 가서 살기를 원하오."

혜량이 담담한 목소리로 말했다.

"스님 같은 분을 우리 신라에서 모실 수 있다니 꿈만 같습니다."

거칠부는 혜량을 모시고 금성으로 돌아왔다.

진흥왕은 혜량을 승려로서는 제일 높은 자리인 승통으로 삼아, 처음으로 불교의식의 하나인 팔관회법을 설치하였다.

고구려에서 신라로 귀화하여 승통이 된 혜량

혜량은 고구려의 승려로 태어난 해와 죽은 해를 알 수 없다. 신라의 장군 거칠부가 자신의 목숨을 건져 준 은혜에 보답하려고 혜량을 진흥왕에게 천거하였다. 혜량은 551년 신라로 망명하여 신라 불교 교단의 형성과 발전에 큰 공헌을 하였다. 그는 『불설인왕바라밀경佛說仁王般若波羅蜜經』을 강독하게 하는 법회인 백고좌법회百高座法會를 열어 부처님의 힘으로 국가의 난리를 진압하여 나라를 지키기를 기원하였다. 또한 토속 신앙과 불교가 결합되어, 나라의 안녕과 번영을 토속신이나 부처에게 기원하던 행사인 팔관회를 최초로 개최했다. 고구려에서 귀화한 그가 신라의 승통국통이 되었다는 것은 그의 위대성을 말함과 동시에 신라 불교의 연륜이 일천하였다는 반증이 되기도 한다는 견해가 있다.

백제, 불교를 사회통합의 원리로 장려하다

백제는 고구려보다 12년 뒤인 384년, 침류왕 때에 불교가 전래되었다. 인디아의 고승 마라난타가 동진으로부터 백제의 수도인 한산주의 남한산으로 들어오자 침류왕은 그를 궁궐 안에 머물도록 하였다. 그리고 이듬해 10명의 백제인을 출가시켜 승려로 만들었다. 이것이 백제에서 불교의 시작이었다. 「미륵불광사사적」에 의하면 겸익은 인디아 중부의 상가나 대율사에서 율부를 전공하여 산스크리트어범어梵語로 쓰인 오부율을 가지고 성왕 4년526년 인디아 승려 배달다삼장과 함께 귀국했다. 그들이 귀국할 때 성왕이 마중을 나갔다. 겸익과 배달다삼장은 백제의 고승 28인과 함께 산

조금 더 알아보기

중국 삼론종의 기초를 닦은 고구려 출신 승려 승랑

고구려 출신 승려 승랑은 중국 삼론종의 기초를 닦아 중국 삼론종의 제3대조가 되었다. 승랑의 제자 길장은 승랑의 사상과 학설을 계승하여 삼론종三論宗을 크게 발전시켰다. '법성종'이라고도 불리운 삼론종은 쿠마라지바구마라습가 번역한 『중론中論』・『백론百論』・『십이문론十二門論』 등의 3론을 근본 경전으로 내세운 종파이다. 고구려에서는 "모든 것은 본성적으로 실체가 없다"고 주장하는 삼론종이 발달했다.

스크리트어로 쓰인 율문을 『율부』 72권으로 번역하는 등 계율을 닦아 익히는 것을 위주로 하는 불교의 한 종파인 율종律宗을 보급하였다.

『삼국사기』 「백제본기」 '법왕 2년조'에 다음과 같은 기사가 실려 있다.

"법왕 원년599년 겨울 12월에 명을 내려 생명을 갖고 있는 것을 죽이지 못하게 하고 민가에서 기르던 매와 꿩을 놓아 주도록 했으며 물고기를 잡는 도구와 사냥을 하는 도구를 거두어서 태워 버렸다."

백제는 고대 국가 체제를 정비하면서 사회통합의 원리로 불교를 적극적으로 장려했다. 불교를 진흥시키는 데 앞장선 사람들은 왕족과 귀족들이었다. 600년 법왕은 왕흥사를 창건하고 승려 30명에게 승려의 신분을 공인해 주는 증명서인 도첩을 주었다. 그 외의 백제 승려로는 왜국에 불교를 전파한 노리사치계, 『율소』 36권을 저술한 담욱과 혜인, 중국에 유학해 『법화경』을 공부한 현광, 율학律學에 정통한 혜총 등이 있다.

신라의 불교 – 왕즉불 사상

신라는 고구려와 백제보다 늦게 불교가 들어왔고, 그 수용 과정도 순탄하지 않았다. 제19대 눌지마립간 때 승려 묵호자가 고구려로부터 신라의 서북쪽 국경 지방인 일선군에 들어와 모례의 집에 머물면서 부처님의 가르침을 전하였다. 모례는 신라 사람으로 최초의 불교 신자가 되었다. 신라는 자장이 처음 연 계율종戒律宗이 크게 발전하였다. 특히 왕실과 밀착하여, 23대 법흥왕부터 28대 진덕여왕 사이의 신라 왕들은 왕 이름을 불교

신라는 '왕이 곧 부처'라는 왕즉불 사상을 가지고 있었다.

식으로 지었다. 즉 23대 법흥왕, 24대 진흥왕, 25대 진지왕, 26대 진평왕, 27대 선덕여왕, 28대 진덕여왕 등이 그러하다. 그들은 '왕이 곧 부처'라는 '왕즉불王卽佛' 사상을 갖고 있었다.

향을 피워 공주의 병을 고친 묵호자

묵호자는 신라 눌지마립간 때 고구려로부터 일선군에 신라에 불교를 전파하기 위하여 들어왔다. 그는 모례의 집 굴방에 숨어 살며 때를 기다렸다.

"냄새가 이상한데……. 이것이 무엇인지, 어디에 쓰는지 아는 사람을 찾아보라."

눌지 마립간이 관리들에게 명령했다.

관리들은 향을 들고 온 나라 방방곡곡을 돌아다녔으나 향의 이름과 그것의 쓰임새를 아는 사람은 아무도 없었다. 그러던 어느 날, 일선군 일대를 돌아다니던 관리들은 묵호자를 만나게 되었다.

"이게 무엇인지 아십니까?"

관리가 향을 묵호자 앞에 내밀었다.

"이것은 향이라고 하는 겁니다. 이것을 태우면 꽃 같은 향기가 진하게 나는 까닭에 신성한 이에게 정성을 통하게 할 때 씁니다. 신성한 것으로는 불교보다 나은 것이 없으니, 만약 이것을 사르며 소원이 이루어지기를 빈다면 반드시 영험이 있을 것입니다."

묵호자가 말했다.

그 즈음 공주가 병이 위독하였다. 눌지마립간이 묵호자를 궁궐로 불러

• 일선군 : 지금의 경북 구미시

들였다. 그가 향을 사르며 발원을 드렸다. 공주의 병이 깨끗이 나았다.

눌지마립간이 기뻐하며 묵호자에게 예물을 후하게 주었다. 그리고 명을 내려 흥륜사를 짓도록 하고, 불법을 펴는 것을 허락했다.

신라에 불교를 전파한 묵호자

『삼국사기』「신라본기」'법흥왕 15년조'에 불교가 처음 신라에 전파되는 기사가 실려 있다. 고구려 중기의 승려인 묵호자는 태어난 해와 죽은 해를 알 수 없다. 그는 신라 눌지마립간 때 신라로 불교를 전파하기 위하여 일선군에 들어와 모례라는 사람의 집에 머물렀다. 그 무렵 양나라의 사신이 의복과 향香을 가져왔다. 눌지마립간과 신하들이 향의 이름과 쓰임새를 몰라 전국을 다니면서 묻게 하였다. 묵호자가 이를 알려 주었고, 큰 병을 앓고 있던 공주를 고쳐 주었다. 이에 눌지마립간이 흥륜사를 지어 주고 부처의 가르침을 펴게 했다. 그러나 묵호자가 부처의 가르침을 펴는

조금 더 알아보기 신라에 불교를 처음으로 소개한 사람은?

신라에 불교를 최초로 전한 사람은 『삼국사기』에는 눌지마립간 때의 묵호자로, 각훈의 『해동고승전』에 실려 있는 「아도전」을 따르고 있는 『삼국유사』에는 미추이사금 때의 아도로 기록되어 있다. 4세기 말 이래 고구려와 신라의 관계를 볼 때 눌지마립간 때 불교가 고구려로부터 신라로 전해졌다는 『삼국사기』의 기사가 타당성이 있다. 각훈이 「아도전」을 쓸 때 참고한 것은 「아도비阿道碑」로 시대에 대한 착오가 심하고 설화적인 내용으로 되어 있어 신빙성이 떨어진다. 묵호자와 아도를 같은 사람으로 보는 견해도 있다.

것은 폐쇄적인 신라 귀족들의 저항과 굳세고 튼튼하게 신라에 뿌리를 내리고 있는 토속 신앙으로 인해 여의치 않았다. 얼마 후에 그는 어디론가 사라졌다.

불교를 공인하게 하려고 자신의 목숨을 바친 이차돈

이차돈은 어려서부터 성질이 곧아 사람들의 신망을 한 몸에 받았다. 일찍부터 불교를 믿기 시작한 그는 항상 신라에서 나라 법으로 불교를 허용되지 않는 것을 한탄했다. 이웃 나라인 고구려와 백제는 이미 백여 년 전부터 불교를 받아들여, 백성들이 불교를 믿고 있었다.

이차돈은 22세에 사인 벼슬에 임명되었다. 임금의 얼굴을 우러러 보기만 하여도 눈치로 사정을 알아차릴 정도가 되었다. 그는 법흥왕의 총애를 받고 있었다.

"나라를 위하여 몸을 희생하는 것은 신하의 큰 절개요, 임금을 위하여 목숨을 바치는 것은 백성의 곧은 의리입니다. 그릇되게 말을 전한 죄로 저를 벌하여 머리를 벤다면 모든 백성들이 모두 복종하여 감히 지시를 어기지 못할 것입니다."

이차돈이 엎드려 아뢰었다.

"살점이 찢겨지고 몸을 고문당하더라도 한 마리 새를 위하여 희생할 것이오, 피를 뿌리고 목숨을 치더라도 일곱 가지 짐승을 불쌍히 여겨야 할

• 사인舍人 : 임금 또는 중앙의 높은 관리의 비서 격이 되는 관직

것이다. 나의 지망은 사람을 이롭도록 함이거늘 어찌 죄 없는 사람을 죽일 수 있을 것인가. 너로서는 비록 공덕을 세우는 것으로 되지만 죄를 피하는 것만 같지 못한 것이다."

법흥왕이 말했다.

"모든 버리기 어려운 것들 가운데에도 생명보다 더한 것은 없을 것입니다. 그러나 제가 이 저녁에 죽어 아침에 불교가 행해지면 부처님의 해가 다시 하늘 한복판에 뜨게 되고 대왕께서는 길이 평안하시오리다."

"봉황의 새끼는 어려서부터 하늘을 뚫을 마음을 가지며 기러기와 따오기 새끼는 나면서부터 바다를 가로질러 날 기세를 품었다 하더니, 너야말로 이와 같구나. 가히 보살 같은 행동이라 아니 할 수 없다."

마침내 천경림天鏡林에 절을 짓기 시작하였다. 그곳은 백여 년 전인 눌지마립간 때 고구려 승려 묵호자가 신라에 처음으로 불교를 전할 때 왕의 명령에 의해 흥륜사가 세워졌던 숲이었다.

이차돈은 그동안 가슴 속에 품어오던 꿈을 실현시키고자 그의 모든 정열을 활활 태웠다. 절을 짓는 공사는 착착 진행되어 갔다.

"상감마마의 명령으로 절을 짓기 시작했다네."

소문은 전염병처럼 빠른 속도로 서라벌에 퍼져 나갔다. 때마침 가뭄이 들어 농작물들이 노랗게 타들어 갔다. 백성들 사이에 여러 가지 흉흉한 말들이 흘러 다니기 시작했다.

"이차돈 이놈을 그냥 둬서는 안 되겠어."

귀족들이 들고 일어났다.

드디어 회의가 열렸다. 납덩이처럼 무거운 공기가 회의장을 감돌았다.

"고구려와 백제는 백여 년 전에 불교를 받아들여 나라가 날로 융성해지고 있다 하오. 그러나 유독 우리 신라만이 불교를 받아들이지 않고 있는 것은 심히 유감스러운 일이 아니라고 할 수 없소. 나는 이제부터라도 우리 신라가 불교를 받아 들였으면 하오."

법흥왕이 무겁게 입을 뗐다.

"그건 아니 될 말씀입니다."
"그렇습니다. 그런 해괴망측한 종교를 이 나라에 받아들여서는 아니 됩니다."
"죽는 한이 있더라도 불교를 받아들여서는 안 됩니다."

귀족들은 모두 반대를 하고 나섰다.

회의장은 금세라도 폭발할 것 같은 공기로 가득 찼다.

"누가 천경림에 절을 짓도록 했는지 이 자리에서 밝혀야 됩니다."
"난 천경림에 절을 짓도록 명령을 내린 적이 없다. 이차돈, 그대가 공사를 하도록 시켰소?"

법흥왕이 이차돈을 가리켰다.

"부처님의 뜻에 따라 제가 공사를 하도록 시켰습니다. 부처님을 믿고, 불교의 이치를 행하면 나라가 크게 편안하고 경제에 유익할 것입니다. 나라의 법을 어긴들 무슨 죄가 되겠습니까?"

이차돈이 되물었다.

"당장 죄인 이차돈을 처단하소서."
귀족들이 벌떼처럼 일어났다.
"이차돈의 목을 베도록 하라."
법흥왕은 처음 이차돈과 약속한 대로 이차돈의 목을 베도록 명령했다.

관리들이 동서쪽과 남북쪽에 바람을 일으킬 만한 칼과 서릿발처럼 서슬이 퍼런 무기를 벌여 놓았다. 심문이 시작되었다.
"누가 절을 짓도록 했는가?"
"이 몸이 혼자 생각으로 절을 지으려 한 것이오. 책임은 이 몸 혼자에게만 있소. 부처님이 신령하시다면 내가 죽은 뒤에 반드시 이적이 일어날 것이오."
이차돈이 하늘을 향해 기도를 하였다.
관리가 칼로 이차돈의 목을 힘껏 내리쳤다. 머리가 멀리 날아 금성 북쪽 금강산에 떨어졌고, 흰 젖이 한길이나 치솟아 올랐다. 갑자기 하늘이 캄캄하여졌다. 땅이 진동했다. 빗방울이 꽃처럼 나부끼며 떨어졌다.

법흥왕은 흘러내리는 눈물을 자꾸만 곤룡포에 닦았다. 여러 벼슬아치들은 파랗게 질려 식은땀을 질질 흘렸다. 샘물이 갑자기 말라붙었다. 물고기들이 서로 다투다시피 뛰었다. 나뭇가지가 꺾였다.
짐승들이 떼를 지어 울었다.

이차돈의 순교와 불교 공인

서기 806년과 820년 사이에 경북 경주시에 있던 절인 남간사의 •사문 일념이 지은 「촉향분례불결사문」에 신라 최초의 불교 순교자인 이차돈의 순교에 관한 일이 자세히 쓰여 있다. 이것을 일연이 줄여서 『삼국유사』에 실었다.

일찍부터 불교를 믿은 이차돈의 성은 박씨였고, 이름은 염촉 혹은 거차 돈이라고 했다. 아버지의 이름은 확실하지 않으나 그의 조상은 지증마립간의 생부인 습보 갈문왕의 후예라고 한다. 김용행이 지은 「아도비문」에는 그의 아버지는 길승, 할아버지는 공한, 증조할아버지는 흘해이사금으로 되어 있다. 그의 이름은 거차돈, 염촉이라고도 하며 성질이 곧고 의로움에 분발하는 용기가 컸다.

법흥왕은 불교를 백성들에게 알리고 부처님의 힘에 의해 신라의 번영을 이루려고 불교를 국교로 삼고자 했으나 토착 신앙을 믿는 귀족들의 반대로 불교를 공인할 수가 없었다. 국왕을 가까이에서 모시는 사인의 직책에 있었던 이차돈과 법흥왕은 함께 그 상황을 타개할 방안을 모색했다. 법흥왕의 뜻을 헤아린 이차돈은 불교를 공인하게 하려고 자신의 목숨을 바치기로 작정했다. 이차돈이 왕명을 가장하여 토착 신앙의 성지였을 것으로 추정되는 천경림에 절을 짓기 시작하자, 불교에 이질감을 느끼고 있

• 사문沙門: 출가하여 불문에 들어 도를 닦는 사람

던 귀족들은 자신들이 믿는 토착 신앙의 성지인 천경림을 파괴하고 사찰을 짓는 것에 대해 거세게 반대했다. 법흥왕은 처음 약속한 대로 관리를 시켜 이차돈의 목을 베도록 하였다. 그의 목을 베자 우윳빛처럼 흰 피가 하늘로 솟구치며 하늘에서는 꽃비가 내리고 땅이 진동하는 괴이한 현상이 일어났다. 이것을 목격한 귀족 관료들은 더 이상 불교를 헐뜯지 못했다. 마침내 법흥왕은 불교를 공인했다. 527년의 일이었다.

토착 신앙에 기대어 법흥왕을 견제하려던 귀족들과 토착 신앙 대신 불교를 통치 이념으로 삼아 새로운 통치 질서를 확립하려던 법흥왕의 대립은 법흥왕의 승리로 끝났다. 이때부터 법흥왕은 정국의 주도권을 쥐고 신라를 이끌어가게 되었다.

귀신이 중국으로 가는 길을 가르쳐 준 원광 법사

원광이 머리를 깎고 승려의 길에 들어선 것은 그의 나이 13세 되던 해였다. 그는 30세에 삼기산에 들어가 금곡사를 새로 세우고 열심히 수도를 하였다. 그가 그곳에서 혼자 수도를 한 지 4년이 되던 해 어느 날이었다. 그가 있는 곳과 가까운 곳에 어느 승려 하나가 절을 짓고 2년을 살았다. 그런데 그의 사람됨이 사납고 억세며 주술을 닦기를 좋아했다.

삼기산에 어둠이 내리자, 짐승들도 굴로 돌아가고 새들이 나뭇가지에 둥지를 틀었다. 원광은 혼자 앉아 불경을 외우고 있었다. 갑자기 공중에

• 삼기산 : 지금의 경북 경주시 안강읍

서 귀신 소리가 들려왔다.

"원광 법사! 원광 법사!"

"……"

원광은 미동도 하지 않고 앉아 있었다.

"잘하는구나! 그대의 공부하는 자세는 매우 훌륭하구나! 대체로 불교의 이치를 공부하는 사람이 많지마는 그대 같은 이 드물도다. 지금 이웃에 사는 중을 보니, 손쉽게 주술을 공부하고 있으나 소득은 없고, 떠드는 소리가 다른 사람의 고요한 상념을 번거롭게 하며 사는 곳이 나의 다니는 길목을 막아 내가 오고 갈 적마다 거의 미운 마음까지 나도록 하고 있구나. 나를 위하여 그가 다른 데로 옮겨 가도록 말해 달라. 만일 그가 그곳에 오래 머물러 있는다면 내가 어떤 일을 저지를지 몰라 걱정된다."

귀신의 목소리가 사라졌다.

이튿날 원광은 그 승려를 찾아갔다.

"내가 어젯밤에 귀신의 말을 들었는데, 대사는 딴 곳으로 옮겨 가는 게 좋겠습니다. 그렇지 않으면 응당 재앙이 대사의 몸에 내릴까 두렵습니다."

"불경 공부를 열심히 하고 있는 사람도 귀신에게 현혹됩니까? 법사는 어째서 여우 귀신 따위의 말을 걱정하십니까?"

원광은 도리어 핀잔만 듣고 돌아왔다.

그날 밤이었다.

"원광 법사! 원광 법사!"

공중에서 귀신이 원광의 이름을 불렀다.

원광은 불경 읽기를 멈추고 공중을 바라보았다.

"앞서 내가 말한 그 일에 대하여 그 중이 뭐라고 답을 하던가?"

귀신이 물었다.

"아직껏 말하지 못하였으나 만약 군이 권고한다면 어찌 감히 듣지 않겠습니까?"

원광이 귀신이 화를 낼까봐 둘러댔다.

"내 이미 자세히 들어 알고 있다. 법사는 말을 둘러댈 필요가 어디 있나? 잠자코 내가 하는 일을 보기나 하라."

귀신이 사라졌다.

원광이 막 잠자리에 들어섰을 때였다. 산이 무너지는 것 같은 소리가 났다. 그는 깜짝 놀라 일어났다. 번쩍 번개가 쳤다. 다시 산이 무너지는 소리가 났다. 우지끈 퉁탕. 무엇인가 무너지는 소리가 연이어 났다. 이윽고 소리가 사라지고 조용해졌다. 밤새들의 울음소리만이 밤의 적막을 깨트렸다.

날이 밝자, 원광은 이웃에 사는 승려를 찾아갔다. 그가 살던 절은 흙더미 속에 묻혀 흔적조차 찾아볼 수 없었다.

"법사가 보기에는 어떠한가?"

공중에서 귀신의 목소리가 들려왔다.

"보기에 매우 놀랍고 무섭습니다."

원광이 떨리는 목소리로 대답했다.

"이런 일은 작은 일인데, 무엇이 그다지 놀랄 만한 일인가? 이밖에도 장래 일을 모르는 것이 없고 세상 일을 못하는 것이 없을 따름이다. 지금 생각건대 원광 법사가 그저 이곳에만 산다면 비록 자기에게 이로운 공부는 할 수 있으나 다른 사람에게 공덕은 없을 것이다. 이 세상에서 높은 이름을 드날리지 못한다면 오는 세상에서 좋은 과보를 거두지 못할 것이다. 법사는 어찌하여 중국으로 가서 불교의 이치를 공부하여, 이 나라에서 어둠 속을 헤매고 있는 인간들을 바른 길로 이끌지 않는가?"

"중국에 가서 불교의 이치를 배우는 게 본래 저의 소원입니다. 그러나 바다와 육지가 가로막혀 있어 제 스스로 통할 길이 없을 뿐입니다."

"그건 염려 말라."

귀신이 원광에게 중국으로 가는 방법을 자세히 일러 주었다.

진지왕 3년인 578년 원광은 중국 진나라의 수도 금릉에 도착했다. 그는 금릉에 있던 장엄사에 머무르면서 민공의 제자로부터 강의를 들었다. 그는 그로부터 『열반경』과 『성실론』을 비롯한 여러 불교 경전을 배울 수가 있었다.

그 후 원광은 소주로 옮겨 가, 호구산 서산사에서 『구산론』을 비롯한 여러 불교 경전을 연구하였다. 그는 세상과의 인연을 끊고 하늘, 산, 강, 풀

• 과보果報 : 좋은 일에는 좋은 결과가, 나쁜 일에는 나쁜 결과가 따름

그리고 나무를 벗 삼아 모든 괴로움을 잊고 오로지 자연 속에 파묻혀 지내고자 하였다.

그러던 어느 날이었다. 산 아래에 사는 어떤 사람이 찾아왔다.

"저에게 가르침을 주소서."

그가 엎드려 간청했다.

"아는 게 없는 내가 누굴 가르치겠는가?"

원광은 손을 내저었다.

여러 번 사양해도 그는 끈질기게 찾아와 가르침을 청했다. 마침내 원광은 그에게 『반야경』과 『성실론』을 강의했다. 그가 불교 경전에 밝다는 소문이 퍼지자, 마음의 안식을 얻으려는 무리들이 산 속으로 모여들었다.

어느덧 원광이 진나라에 온 지도 10년이란 세월이 흘렀다. 때마침 중국은 북쪽에서 일어난 수나라의 세상이 되었다. 수나라는 후양을 멸망시키고 양자강 유역에 자리 잡고 있는 진나라를 위협하였다. 그때 원광은 진나라의 금릉에 있었다. 수나라 군사들이 금릉으로 쳐들어왔다. 원광은 수나라 군사들에게 붙잡혔다. 그들은 원광을 탑 앞에 세워 두고 밧줄로 꽁꽁 묶었다.

그때 마침 수나라 장수가 말을 타고 금릉 거리를 지나다가 절과 탑이 불에 타는 것을 보았다. 그는 급히 말을 몰아 불길에 휩싸인 절과 탑으로 달

• 금릉 : 지금의 중국 강소성 남경시

려갔다. 그가 그곳에 도착했을 때 불길은 불씨 하나 남기지 않고 사라지고 없었고, 병사 하나가 탑 앞에 밧줄로 꽁꽁 묶여 있는 스님의 목을 칼로 막 내려치려 하고 있었다.

"멈추어라!"

그는 다급한 목소리로 소리쳤다.

칼을 막 내려치려던 병사가 엉거주춤 뒤로 물러섰다.

"내가 길거리에서 절과 탑이 불길에 휩싸여 있는 것을 보고 달려왔는데, 불길은 간 데 없고 스님 한 사람이 밧줄에 묶인 채 막 목 베임을 당하려고 하는 순간이었다. 아무래도 저 스님은 보통 스님이 아닌 것 같으니 풀어 주도록 하라."

그가 말을 끝내고는 스님에게 다가가 밧줄을 끌러 주었다.

"높은 스님을 몰라 뵙고 저의 부하들이 잘못을 저질렀습니다. 용서하여 주옵소서."

그가 원광에게 용서를 빌었다.

수나라는 마침내 진나라를 멸망시키고 중국 대륙을 하나로 통일시켰다. 원광은 수나라의 수도 장안으로 갔다. 그의 나이 48세였다. 그 무렵 장안에는 『섭대승론攝大乘論』이라는 불교 경전에 대한 연구가 크게 일어나고 있었다. 그는 그곳에서 섭론종을 본격적으로 연구했다. '대승불교의 이치를 끝까지 규명하여 분명하게 설명해서 정리한 것'이라는 의미를 가진 『섭대승론』은 무착無着이 지은 책이다.

원광 법사가 세속오계를 일러 주다

10년 남짓한 세월 동안 장안에서 불교 경전을 연구하던 원광은 진평왕 22년인 600년에 수나라에 사신으로 왔던 제문과 횡천을 따라 신라로 돌아왔다. 그가 고국을 떠난 지 22년 만의 일이었다. 그가 신라 땅에 발을 딛자, 늙은이 젊은이 할 것 없이 모두가 반가워했다.

"원광은 수나라 장안에서 이름을 떨치던 스님이다. 가마에 탄 채 궁궐 안으로 들어오는 것을 허락하노라."

진평왕이 신하들을 휘둘러보며 말했다.

원광이 궁궐로 들어가자, 왕비가 몸소 시중을 들며 음식을 대접했다.

"학문과 덕행을 두루 갖춘 스님께서 항상 가까이 계시면서 가르침을 주셨으면 합니다."

진평왕이 원광을 바라보며 조용한 목소리로 말했다.

"저는 이미 나이가 육십이 다 된 늙은이입니다. 말씀은 고마우나 산속에 파묻혀 조용히 수도하고자 하오니 헤아려 주옵소서."

원광은 진평왕의 청을 사양했다.

원광은 운문사에서 10리쯤 떨어져 있는 가실사로 물러 앉았다. 원광이 수나라에서 돌아와 가실사에 있다는 소문을 듣고 귀산과 추항이라는 두 젊은이가 그를 찾아왔다. 그들은 어렸을 때부터 같은 마을에서 자란 친구로서 서로 뜻이 맞았다.

- 장안長安 : 지금의 중국 섬서성 서안시
- 가실사 : 지금의 경북 청도군에 있는 절

"속세의 선비로서 어리석고 유치하여 아는 것이 없으니 바라옵건대 한 말씀 해 주시면 죽을 때까지 계명으로 삼겠습니다."

"불교에는 열 가지로 되어 있는 보살계명이 있다. 그러나 너희들은 남의 신하가 된 몸으로 아마도 견뎌 낼 수 없을 것이다. 여기에 세속오계世俗五誡, 즉 속세의 다섯 가지 계명이 있다. 첫째로 사군이충事君以忠이니, 임금에게 충성을 다하는 것이요, 둘째로 사친이효事親以孝니, 부모에게 효도를 다하는 것이요, 셋째로 교우유신交友有信이니, 믿음으로 친구를 사귀고, 넷째로 임전무퇴臨戰無退이니, 싸움에 나아가 물러섬이 없는 것이요, 다섯째로 살생유택殺生有擇이니, 생물을 죽이는 데는 가려서 하라는 것이니 너희들은 이것을 실행하되 소홀히 하지 말라!"

"다른 것은 이미 잘 알았사오나 생물을 죽이는 데는 가려서 하라는 말씀은 특히 깨닫지 못하겠습니다."

귀산과 추항이 다시 물었다.

"여섯 가지 재 올리는 날과 봄과 여름철에 생물을 죽이지 않는 것은 때를 가리는 것을 이름이요, 부리는 짐승을 죽이지 않는 것은 말, 소, 개를 말함이요, 사소한 것들을 죽이지 않는 것은 한 점 고기 축에도 들지 못한다는 것을 의미함이니, 이것은 물건을 가리는 것이다. 이 역시 그 소용되는 것만 하고 많은 생물을 죽일 필요로 하지 않는 것이니 이것이 바로 세속의 좋은 계명이다."

원광이 상세하게 대답했다.

"이제부터는 삼가 시행하여 감히 어김이 없겠나이다."

그 후 귀산과 추항은 모두 군인이 되어 다 나라에 큰 공을 세웠다.

이 세속오계는 뒤에 화랑들의 실천 덕목이 되어 신라가 삼국을 통일하게 되는데 정신적인 큰 계기가 되었다. 특히 생물을 죽이는 것은 불교의 이치에 맞지 않는 조항이지만, 당시 고구려와 백제의 끊임없는 침략을 받고 있는 신라 사회로서는 어쩔 수 없는 것이었다. 원광의 이러한 태도는 불교에 대한 현실주의적인 그의 생각에 기인한다고 볼 수 있다.

진평왕이 원광을 궁궐로 불렀다.
"고구려와 백제가 끊임없이 우리나라를 침입해 큰 걱정이오. 수나라에게 군사를 내어 고구려와 백제를 쳐달라는 글을 지어 주었으면 좋겠소."
진평왕이 원광에게 말했다.
"자기가 살려고 다른 사람을 죽이려 하는 것은 승려가 할 짓이 아닙니다만 소승이 상감마마의 나라 안에 살면서 어찌 그 명령을 쫓지 않을 수 있겠습니까?"
원광이 글을 지어 진평왕에게 바쳤다. 이 글을「걸사표」라고 한다.

불교의 토착화와 대승불교 정착에 기여한 원광 법사

원광의 속성은 설씨이고, 6두품 출신이다. 13세에 출가하여 진평왕 11년인 589년에 중국의 진나라로 유학을 갔다. 그는 금릉의 장엄사를 비롯한 여러 사찰을 다니면서, 어떠한 현상도 절대적인 존재가 아니며 존재론적으로 궁극적 실체도 아니라고 강력하게 주장하는『성실론』, 부처님이 돌아가시기 직전의 마지막 설교의 형식을 통해서 풀어서 설명한 『열반경』 등을 공부했다. 그리고 부처님의 교설을 기술한 문장의 전부인 경장經藏·불교도들이 지켜야 할 실제 생활상의 규칙과 교단의 계율 규정에 대한 설명집을 일컫는 율장律藏·후세의 불교도가 경장과 율장의 정신을 설명하고 철리哲理를 기술한 것을 총칭하는 논장論藏 등, 삼장三藏을 두루 공부했다. 그 뒤 오나라로 가『성실론』과『반야경』을 풀어 설명하면서부터 이름이 알려졌다.『섭대승론』 등을 수나라에서 공부하고, 신라에서 귀국을 요청하자, 진평왕 22년600년에 귀국하여 삼기산에 머물면서 대승경전을 강의하였다.

원광이 가실사에 머무르고 있을 때 귀산과 추항이 찾아왔다. 그들은 원광에게 일생을 경계해야 할 계명을 청했다. 그는 귀산과 추항에게 화랑도의 이념이 된「세속오계」를 만들어 주었다. 뒤에 세속오계는 화랑도의 기본 정신이 되었고, 신라가 삼국을 통일하는 데 큰 기여를 했다.

608년에는 진평왕의 요청으로 수나라 원정군을 청하는「걸사표」를 지어 수나라 양제에게 보냈다. 이것은 부처의 가르침에 어긋나는 일이라는 것을 원광은 스스로 인정하고 있다. 신라로 돌아온 원광은 진리와 현실과 적당히 타협하고 있었던 것이다. 5년 후인 613년, 원광은『인왕반야경』을 읽으면서 국가의 안위를 기원하는 불교 법회로 호국적인 성격이 강한 백고좌회를 황룡사에서 개최할 때 이를 주관했다.

만인의 구제를 내세우는 불교의 한 종파인 대승불교大乘佛敎를 깊이 연구하고 강의한 원광은 불교의 토착화를 이끌었고 대중화의 기반을 마련했다. 저술로『여래장경사기』 3권과『여래장경소』 1권 등이 있었다.

2부

삼국과 가야의 학문과 종교

신라 왕실이 석가모니의 종족이라는 진종설을 만든 자장

성이 김씨인 자장은 속명이 선종랑이다. 그의 아버지 김무림은 진골 출신으로 신라 17관등 중 제3위에 해당하는 소판 관직에 있었다. 그는 높은 벼슬들을 거쳤으나 늦게까지 대를 이을 아들이 없었다. 그는 불교를 믿기로 마음먹고 절을 찾아갔다.

"부처님, 만약 사내아이를 낳는다면 부처님께 바쳐 불교를 이끌어갈 인물을 만들겠습니다."

그는 부처님에게 빌었다.

그날 밤 그의 부인이 잠을 자는데 별이 하늘에서 떨어져 그녀의 품속으로 들어오는 꿈을 꿨다.

그 후 태기가 있어 아기를 낳았다. 공교롭게도 석가모니가 태어난 날과 같은 날이었다. 그는 아기의 이름을 선종랑이라고 지었다.

선종랑은 정신과 지조가 맑고도 슬기로워 학문을 깊이 닦아 익혔다. 그

조금 더 알아보기 불교의 수도 방법, 고골관

'고골관'은 불교의 교리를 적은 책인 불교 경전 가운데에서도 대승불교 경전인 『열반경』에 자세히 적혀 있다. 이것은 우리 몸이 덧없는 존재라는 것을 관찰하는 것으로, 처음에 피부로부터 시작하여 그 속에 숨겨져 있는 살점과 피, 그리고 뼈를 차례차례 관찰함으로써 사람이 아끼고 있는 육체라는 것이 덧없음을 실제로 겪어 보는 수도 방법이다.

는 어려서 부모님을 여의었다. 그는 부모님으로부터 물려받은 재산과 집안 살림을 책임져야 했다. 그는 결혼도 일찍 했다. 그는 자식을 두었으나 시끄러운 세상을 싫어했다. 그의 마음은 늘 어두웠다. 산다는 것이 덧없다는 것을 절실히 느끼고 있었다. 마침내 그는 아내와 자식을 버리고 홀로 깊은 산속으로 들어가 자리를 잡았다. 그는 조그만 집을 짓고 주위를 가시덤불로 둘러막았다. 그는 불교의 수도 방법인 고골관枯骨觀을 닦았다.

선종랑은 벌거벗은 채 그 속에 앉아 움직이기만 하면 곧 가시에 찔리도록 하였고, 끈으로 머리를 들보에 매달아 정신이 흐려지는 것을 막았다. 산에 가서 머리를 깎고 도를 닦는다고 해서 승려가 되는 것이 아니었다. 그 당시 승려가 되는 것은 어려운 일이었다. 먼저 왕의 승락을 받은 뒤에 필요한 절차를 밟아야만 승려가 될 수 있었다.

그때 나라에 마침 재상 자리가 하나 비었으므로 그를 그 자리에 앉히려고 하였다.

왕이 여러 번 불렀으나 그는 가지 않았다.

"오지 않으면 목을 베겠다."

왕은 엄한 명령을 내렸다.

"내가 차라리 하루라도 계율을 지키고 살지언정 계율을 깨트리고 백 년을 살고 싶지는 않다."

선종랑이 말했다.

• 재상宰相: 왕을 돕고 모든 관원을 지휘 감독하는 지위에 있던 2품 이상의 벼슬

이 말을 전해들은 진평왕은 크게 한숨을 내쉬었다.

"참으로 대단한 사람이로구나. 그런 굳은 의지를 가진 사람이라면 능히 큰 뜻을 이룰 수 있을 것이다."

왕은 선종랑이 승려가 되는 것을 허락했다.

왕의 허락을 얻은 선종랑은 머리를 깎고 승려가 되었다. 그는 승려가 되면서 이름도 자장이라 하였다.

그 뒤 자장은 더욱 깊은 산속으로 들어갔다. 그는 바위너설 속에 깊이 숨어 도를 닦았다. 그에게 양식 한 톨 가져다주는 사람이 없었다. 이때에 이상한 새가 열매를 물어다가 그에게 바쳤다. 그는 손을 내밀어 받아먹었다. 얼마 후 그는 하늘나라 사람이 와서 그에게 다섯 가지 계율을 주는 꿈을 꾸었다. 그리하여 그는 수도의 뜻을 이루었다. 그는 산에서 세상으로 내려왔다.

자장이 산속에서 내려왔다는 소문을 듣고 온 나라 곳곳에서 사람들이 몰려와, 그에게서 계를 받았다.

통도사와 월정사를 세운 자장

636년 선덕여왕 때 자장은 승실 등 제자 10여 명과 함께 당나라로 향했다. 당나라에 도착한 그는 먼저 청량산으로 갔다. 그곳에는 문수보살이 머물러 있어서 정성이 지극하도록 기도하면 만날 수 있다는 말을 들었기

• 바위너설 : 바위가 솟아 험한 곳
• 계誡 : 불교에 귀의한 사람이 지켜야 할 행동 규범

때문이었다. 그는 정성을 다하여 기도에 몰두했다. 마침내 그는 문수보살을 만났다.

문수보살은 그에게 석가모니 부처님이 살아 있을 적에 입던 옷인 가사와 부처의 사리 등을 주었다. 그리고 문수보살에게서 진리의 가르침을 들었다.

그 뒤 자장은 당나라 수도 장안으로 갔다. 당나라 태종은 사신을 보내 그를 위로하고, 승광별원이라는 절에 머무르게 했다. 이때 당나라 사람들이 그에게 가르침을 받으려고 많이 몰려왔다.

선덕여왕은 당나라 태종에게 글을 보내어 자장을 신라로 보내 줄 것을 요청하였다. 자장은 『대장경』 한 질 등 많은 불교 관련 물품들을 배에 싣고 7년 만에 신라로 돌아왔다.

"먼 길에 오시느라 고생이 많았소."

선덕여왕은 자장을 분황사에 머물도록 하고, 그를 •대국통으로 임명하였다. 645년, 그는 황룡사에 9층탑을 세우도록 하였다. 높이 70미터가 넘는 9층의 커다란 탑은 금성의 어느 곳에서도 바라볼 수 있도록 황룡사 안에 세웠다. 나무로 만든 이 탑은 공사를 시작한 지 2년 만에 모두 마칠 수 있었다.

자장이 황룡사에 9층탑을 세우도록 한 것은 무엇보다도 나라를 위해서였다. 그 무렵 신라는 고구려와 백제로부터 많은 시달림을 받고 있었다.

• 대국통大國統 : 나라 안의 불교 전반을 통솔하는 자리

나라의 어려움을 부처님의 힘으로 이겨내 보자는 뜻이 서려 있는 탑이었다. 또한 수도 금성에 거대한 규모의 탑을 세움으로써, 왕실의 권위와 신라의 국력을 나라 안과 나라 밖에 드러내고자 하는 현실적인 생각도 숨어 있었다.

649년, 진덕여왕 때에 자장은 나라의 복식을 중국의 제도와 같이 하기를 진덕여왕에게 건의했다. 진덕여왕은 그의 건의를 받아들여 실행하도록 했다. 그 이듬해 그는 당나라 연호를 쓰도록 건의했다. 진덕여왕은 이것도 받아들여 실행하도록 했다.

자장은 큰 절과 큰 탑도 많이 세웠다. 그는 양산 통도사와 오대산 월정사를 세웠다.

나중에 자장은 대국통을 그만두고 오대산으로 갔다가 다시 태백산으로 가서 석남원을 짓고 살았다. 그는 그곳에서 일생을 마쳤다.

불국토 사상과 문수 신앙을 전한 자장

평생 동안 화엄 사상을 연구한 자장은 신라 땅이 부처가 대대로 머무르고 있는 불국토佛國土라고 믿는 불국토 사상을 폈다. 또한 그는 오대산·태백산 등지를 순례하며 석가모니의 후계자인 문수사리가 신라 동북방에 머물고 있다는 문수 신앙을 전했다.

선덕여왕 5년인 636년, 자장은 승실 등 제자 10여 명과 함께 당나라로

• 석남원 : 지금의 강원도 정선군 고한읍 정암사

건너가 문수보살이 머물러 있다는 청량산에서 기도했다. 그 후 종남산 운제사의 동쪽 산록으로 들어가 3년 동안 수도했다. 『대장경』· 불상 · 불사리 등을 가지고 643년에 귀국하자, 선덕여왕은 그를 분황사에 머무르게 하고 대국통으로 임명하여 ˙승니의 기강을 바로 잡게 하였다.

645년에는 황룡사에 9층탑을 세워 신라 인근의 여러 나라의 침략을 막도록 권하였다. 탑의 제1층은 일본, 2층은 중국, 3층은 오월, 4층은 탁라, 5층은 응유, 6층은 말갈, 7층은 거란, 8층은 여진, 9층은 예맥을 진압한다는 뜻을 갖고 있었다. 이듬해인 646년, 자장은 영취산에 통도사를 세웠다. 당나라 때 도선이 편찬한 『속고승전』에 자장이 '호법보살護法菩薩'이라고 기술되어 있을 정도로 일생 동안 호법적 의지를 가슴 속에 지니고 살았다. 불국토 사상과 호국 사상을 일치시키려 노력한 자장은 진흥왕 · 진평왕 · 선덕여왕을 불교에서 말하는 이상적인 정복 군주라고 말했다. 자장의 저서로는 『아미타경소』, 『아미타경의기』, 『사분율갈마사기』, 『십송율목차기』, 『관행법』 등이 있다. 그러나 이들 저서는 현재 전해오지 않는다.

• 승니 : 남자 승려와 여자 승려

〈술술 훑어보기〉 삼국의 불교 수용과 공인

　소수림왕 2년372년, 중국 전진의 왕 부견이 중 순도를 시켜 불상과 불경을 고구려에 보내면서 고구려에 불교가 수용되기 시작하였다.

　침류왕 원년384년, 백제에 불교가 전래되었다. 인디아의 고승 마라난타를 궁궐 안에 머물도록 하였다.

　눌지마립간재위 147~458년, 승려 묵호자가 고구려로부터 신라에 들어와 불법을 전하였다.

　법흥왕 14년527년, 불교를 공인했다.

　선덕여왕 14년645년, 자장이 황룡사에 9층탑을 세우도록 하였다.

 **조금 더 알아보기** 　화엄종

　화엄종의 기초를 닦은 사람은 두순杜順과 지엄智儼이며, 화엄종을 집대성한 사람은 현수대사 법장法藏이다. 우주의 모든 사물은 관계의 얽힘이 끝없이 이어져 있다는 연기설緣起說이 그 특징인 화엄 사상은 대표적인 대승불교 사상으로 『화엄경華嚴經』을 기본 경전으로 한다.

2. 삼국의 도교

고구려의 도교

고구려 후기에 이르러 고구려 사람들은 다투다시피 오두미교를 믿었다. '오두미교'란 중국 동한 사람 장릉이 창립한 도교의 한 파로 병든 사람을 고치고 쌀 다섯 말씩 받는다 해서 오두미교라고 했다.

이러한 이야기를 전해들은 당나라 고조가 도교와 •천존상을 고구려에 보냈다. 『도덕경道德經』 강의를 듣기 위해 영류왕을 비롯한 많은 사람들이 모여들었다. 625년 영류왕은 당나라에 사신을 보내어 불교와 도교를 배우고자 청하였는데 당나라 고조가 이를 허락하였다. 고구려는 고분벽화 속에 신선이 많이 등장하고, 을지문덕이 수나라 장수 우중문에게 보낸 한시 가운데 "만족함을 알았으면 이제 그만두기를 바라노라."라는 구절이

• 천존상天尊像 : 옥황상제의 초상
• 『도덕경』 : 노자가 지은 경전

고구려 후기에 성행한 오두미교는 도교의 한 종파였다.

『도덕경』에 나오는 구절과 뜻이 통하는 문장인 것으로 보아 영류왕 이전에도 『도덕경』을 읽었다는 것을 짐작할 수 있다.

『삼국사기』 「고구려본기」 '보장왕 2년조'에 다음과 같은 기사가 있다.

"세 가지 교리는 비유하자면 솥의 세 발 같아서 어느 하나라도 없어서는 안 되는 것입니다. 우리 고구려를 볼 때에 다만 유교와 불교는 모두 흥성하고 있으나 도교는 성행하지 못하고 있습니다. 이는 천하의 도술을 다

갖추었다고 말할 수 없는 것입니다. 삼가 청하옵건대 사신을 당나라에 보내 도교를 구해다가 나라 사람들을 가르치소서."

연개소문이 보장왕에게 아뢰었다.

"좋은 생각이오."

보장왕이 매우 옳게 여겼다.

보장왕이 자신의 생각을 적어 올린 글인 표문을 당나라에 보내 요청했다. 당나라 태종이 도사 숙달 등 여덟 사람을 고구려에 보내 주었다. 이때 함께 노자의 『도덕경』도 보내 주었다. 보장왕이 기뻐하여 사찰을 빼앗아 그들에게 도교의 사원인 도관道觀으로 사용하게 했다.

7세기 중엽 연개소문이 정권을 잡으면서 불교를 견제할 목적으로 도교를 일으킬 생각을 하게 된 사실을 말해 주고 있는 기사이다.

백제의 도교

백제에 도교가 공식적으로 전래된 기록은 남아 있지 않다. 『주서』「열전」 '백제조'에 "백제에는 승려와 절과 탑은 많지만 도사는 없다."라고 기록되어 있는 것이 그것을 말해 주고 있다.

1993년 충남 부여군 능산리에서 출토된 백제 금동대향로는 금동용봉봉래산향로金銅龍鳳蓬萊山香爐라고도 부르는데, 신선이 산다는 전설상의 산인 박산이 뚜껑에 조각되어 있는 박산향로의 형식을 취하여 신선 사상을 나타내고 있다. 그리고 1971년 충남 공주시 송산리 고분군에 있는 무령왕릉에서 발굴된 청동거울인 방격규거신수문경方格規矩神獸文鏡에 "상방에서 만

• 백제 금동대향로
백제의 신선 사상을 엿볼 수 있다.

든 거울은 참으로 좋아 위에 선인들이 있으니 늙지 않았고, 목마르면 옥천의 물을 마시고, 배고프면 대추를 먹으니, 수명이 쇠와 돌과 같도다."라고 새겨져 있어 백제 사람들이 도교 사상을 갖고 있었다는 것을 말해 주고 있다. 무령왕릉의 널길 중간에 있는 돌짐승상 앞에서 발견된 무령왕의 지석과 왕비의 지석 중 왕비의 지석 뒷면에 땅을 샀다는 매지권이 새겨져 있다. 그 내용 가운데 '토지신'이 나오는 것으로 보아 백제에 도교 사상이 퍼져 있었다는 사실을 알 수 있다. 그밖에 산수무늬 벽돌도 산과 내의 모습을 그려 내어 도교 사상을 잘 나타낸다.

신라의 도교

신라도 백제처럼 도교가 공식적으로 전래된 기록이 남아 있지 않다. 그렇지만 신라에 도교 사상이 퍼져 있었다는 증거는 여러 문헌에서 추출할 수 있다. 『삼국사기』「신라본기」에 587년 진평왕 때 대세와 구염이 도교를 배우기 위하여 중국으로 유학을 떠났다는 기록이 있고, 『삼국사기』「열전」 '백결 선생조'에 다음과 같은 기록이 있다.

해가 저물어가는 섣달 그믐날이었다. 이웃 마을에서는 곡식을 찧었다.
"남들은 다들 곡식이 있어 방아를 찧는데 우리만 곡식이 없으니 무엇으로 설을 쇠겠는가?"
백결 선생의 아내가 방아소리를 듣고 말했다.
"무릇 죽고 사는 것은 명에 달려 있고, 부귀는 하늘에 매인 일이어서 사람의 힘으로는 어쩔 수 없는 것인데 당신은 무엇 때문에 부질없이 속상해

하는 거요? 내 당신을 위하여 떡방아 찧는 소리를 냄으로써 이 슬픔을 위로해 줄까 하오."

백결 선생이 한탄하며 거문고를 타서 떡방아 찧는 소리를 냈다.

자비마립간 때의 백결 선생은 영계기를 사모하여 청빈하게 살았다. 이웃 마을에서 들려오는 방아 찧는 소리를 듣고 한탄하는 아내를 위로하기 위하여 백결이 『열자』에 나타난 영계기의 고사를 인용하고 있다. 이 기사를 보면 백결 선생은 『열자』를 읽어 보았을 뿐만 아니라 노장 사상에 심취해 있었던 것으로 보인다.

한편 최치원은 「난랑비서문_{鸞郎碑序文}」에서 화랑도의 근본정신을 유교·불교·도교의 혼합에서 나온 풍류도로 규정하였다. 김유신이 중악_{中岳}의 석굴에 들어가 기도할 때 신라 중고기_{中古期}의 선인인 난승으로부터 방술의 비법을 전수받았다는 설화와 혜성의 변괴를 없애고 왜군이 스스로 물러가게 했다는 「혜성가」에서도 도교 사상을 엿볼 수 있다.

> **조금 더 알아보기**   노장 사상
>
> 노장 사상이란 중국 춘추 전국 시대의 노자와 장자의 사상을 합친 말이다. 후한 말부터 유학이 침체에 빠지자, 자연에 순응하는 것을 중요하게 생각하는 노장 사상이 주목받게 되었다. 노장 사상은 인위적인 힘이 들어가지 않은 본디 그대로의 자연과 세상의 욕망으로부터의 초월을 추구하고, 허무를 우주의 근원으로 삼는다.

 **한층 더 깊이 읽기** 백결 선생이 즐겨 읽었던 『열자』

『열자』는 기원전 400년경에 만들어진 책으로 『노자』, 『장자』와 함께 도가에 속하는 『열자』의 「천서편」에 다음과 같은 내용이 전해진다.

공자가 태산에 놀러 갔다. 영계기가 성읍의 들을 거니는 것을 보았다. 사슴가죽 옷을 입고 새끼 띠를 두른 영계기가 거문고를 타며 노래를 부르고 있었다.
"선생께서 무슨 까닭으로 즐거워하고 계십니까?"
공자가 물었다.
"내가 즐기는 것이 아주 많습니다. 하늘이 만물을 내시되 오직 사람이 귀한 것인데 내가 사람으로 태어났으니 첫 번째 즐거움입니다. 남자는 높고 여자는 낮으니 내가 남자인 것이 두 번째 즐거움입니다. 사람이 태어나 해와 달을 보지도 못하고 기저귀를 면하지 못한 채 죽는데 나는 나이가 이미 구십이 넘었으니 세 번째 즐거움입니다."
영계기가 대답했다.

영계기는 주나라가 수도를 호경에서 동쪽인 낙양으로 옮긴 이후 진나라의 중국 통일까지의 시기인 춘추 시대의 현인이다. 자신에게 너그럽고 스스로 즐기는 삶의 모습이 백결을 비롯한 신라인들의 삶에 영향을 끼쳤다는 것을 보여주는 대목이다. 그밖에 진평왕 때 사냥하기를 좋아하는 왕에게 『노자』의 한 구절인 "말 달리며 사냥하는 것은 사람의 마음을 미치게 합니다."를 인용해 고칠 것을 간언한 기사가 『삼국사기』 「열전」 '김후직조'에 실려 있다.

- 호경鎬京 : 지금의 중국 협서성 서안시 부근
- 낙양洛陽 : 지금의 중국 하남성 낙양시
- 현인賢人 : 어질고 총명하여 성인 다음가는 사람

삼국의 유학 한눈에 요약하기

한자의 보급과 함께 전래
- 기원전 2~3세기 한자 사용 시작
- 6세기경 완전한 한문 문장 사용 – 이두, 구결자, 향찰자
  (「광개토왕릉 비문」, 백제 무령왕릉 지석·매지권)
- 불교보다 먼저 수용

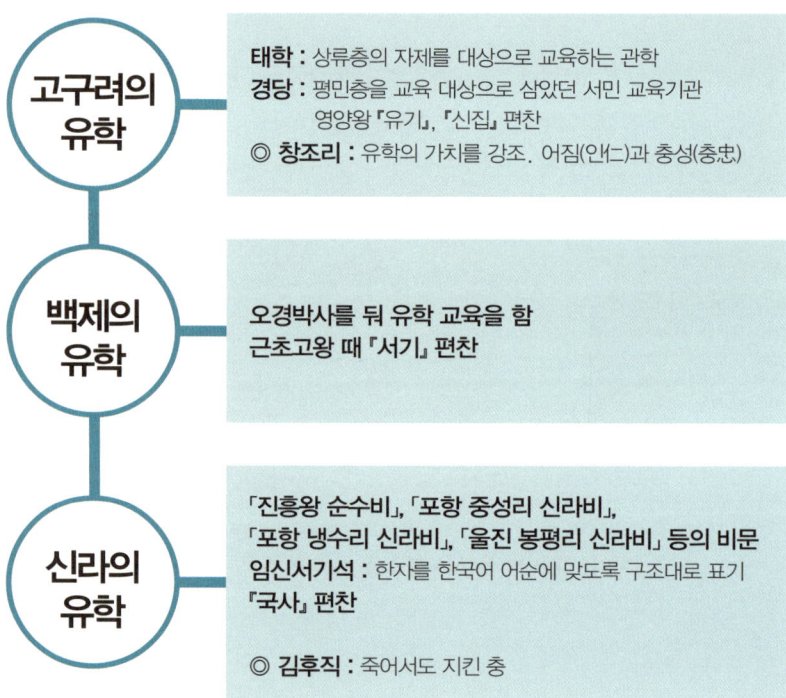

고구려의 유학
- **태학**: 상류층의 자제를 대상으로 교육하는 관학
- **경당**: 평민층을 교육 대상으로 삼았던 서민 교육기관
  영양왕 「유기」, 「신집」 편찬
- ◎ **창조리**: 유학의 가치를 강조. 어짊(인仁)과 충성(충忠)

백제의 유학
- 오경박사를 둬 유학 교육을 함
- 근초고왕 때 「서기」 편찬

신라의 유학
- 「진흥왕 순수비」, 「포항 중성리 신라비」,
  「포항 냉수리 신라비」, 「울진 봉평리 신라비」 등의 비문
- 임신서기석: 한자를 한국어 어순에 맞도록 구조대로 표기
- 「국사」 편찬
- ◎ **김후직**: 죽어서도 지킨 충

역사서를 편찬한 이유
- 국력 과시
- 왕실의 권위 고양
- 백성의 단결

 **삼국의 종교 한눈에 요약하기**

삼국의 불교

- 초기에는 토착 신앙 유행
- 중앙 집권 국가로 발전하면서 수용되기 시작
- 왕실이 주도적으로 불교를 국가의 이념으로 삼고 사찰 건축

고구려	백제	신라

• 소수림왕, 불교 수용(372)
• 중국 문화에 익숙
  – 불교에 대한 거부감 적음
• 평양에 9개의 절
• 금동 연가 7년명 여래 입상
	• 침류왕, 불교 수용(384)
	• 미륵사
	• 서산 용현리 마애 여래 삼존상 (백제의 미소)
	• 익산 미륵사지 석탑
	• 부여 정림사지 5층 석탑
		• 눌지마립간, 불교 수용 (묵호자)
		• 법흥왕(6세기), 불교 공인 (이차돈 순교)
		• 왕즉불 사상
		  – 왕 이름을 불교식으로 지음
		• 황룡사
		• 경주 배동 석조 여래 삼존 입상
		• 경주 분황사 석탑

삼국의 도교

- 산천 숭배 신앙, 신선 사상 유행
- 귀족 사회를 중심으로 전파

고구려	백제	신라
• 오두미교 • 7세기 중엽, 연개소문의 도교 장려 • 고분벽화 사신도	• 백제 금동대향로 • 산수무늬 벽돌	◎ 백결 선생의 떡방아

3부

삼국과 가야의 문학과 예술

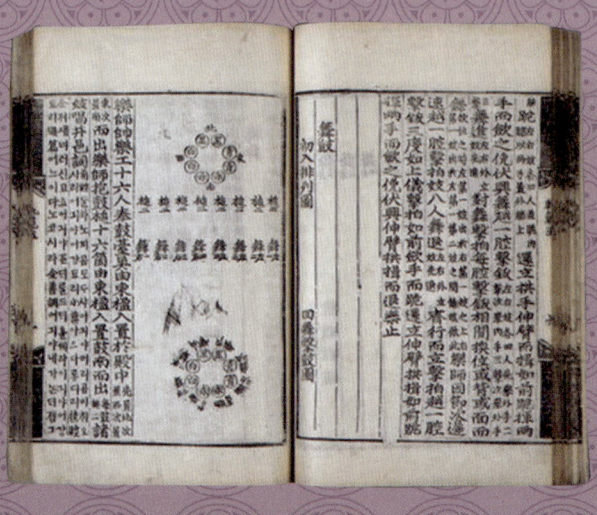

1장 삼국과 가야의 시 문학

1. 고구려의 시 문학
2. 백제의 시 문학
3. 신라의 시 문학
4. 가야의 시 문학

2장 삼국과 가야의 설화 문학

1. 고구려의 설화 문학
2. 백제의 설화 문학
3. 신라의 설화 문학
4. 가야의 설화 문학

3장 삼국과 가야의 고분과 벽화

1. 고구려의 고분과 벽화
2. 백제의 고분과 벽화
3. 신라의 고분과 벽화
4. 가야의 고분과 벽화

4장 삼국과 가야의 음악

1. 삼국의 음악
2. 가야의 음악

1장 삼국과 가야의 시 문학

1. 고구려의 시 문학
2. 백제의 시 문학
3. 신라의 시 문학
4. 가야의 시 문학

• 정읍사 문화공원의 아내 조각상
한글로 기록된 가요 중에서 가장 오래된 작품으로 알려진 「정읍사」는 행상 나간 남편이 무사히 돌아오기를 기다리는 아내의 간절한 마음을 그리고 있다.

- 「황조가」에 등장하는 꾀꼬리
  왕비를 잃고 슬픔에 잠긴 유리왕은 꾀꼬리를 보며 노래를 지었다.

1. 고구려의 시 문학

3부 삼국과 가야의 문학과 예술

「황조가」 – 슬픔에 잠긴 유리왕의 노래

편편황조	翩翩黃鳥
자웅상의	雌雄相依
염아지독	念我之獨
수기여귀	誰其與歸

펄펄 나는 꾀꼬리,

암수 서로 노니네.

생각하니 난 외로운 몸

누구와 함께 돌아가리.

　유리왕은 다물후 송양의 딸을 맞아들여 왕비로 삼았다. 그 이듬해 가을, 왕비 송씨가 세상을 떠났다. 유리왕은 골천 사람의 딸인 화희와 한나라 사람의 딸인 치희를 왕비로 삼았다. 유리왕이 두 사람을 왕비로 삼은 후 두 사람 사이에 싸움이 그칠 날이 없었다. 유리왕은 궁실을 따로 지어 두 사람을 각각 따로 살도록 했다.

　왕비 화희의 마음은 불안했다. 왕이 자신보다 치희를 더 사랑하기 때문이었다.

그 해 봄, 유리왕은 신하들을 데리고 기산이라는 곳으로 사냥을 가 7일 동안 돌아오지 않았다. 두 왕비는 서로 다투었다.

"너는 우리가 싫어하는 한나라 딸년이다. 어찌 무례함이 이렇게 심하단 말인가?"

화희가 치희를 꾸짖었다.

치희는 부끄럽기도 하고 분하기도 하여 궁궐을 빠져나와 친정으로 가 버렸다.

유리왕은 치희가 친정으로 가 버렸다는 소식을 듣고 곧 말을 달려 치희를 쫓아갔다. 치희는 돌아오지 않겠다고 했다. 유리왕은 슬픔에 잠겨 때마침 정답게 날고 있는 꾀꼬리 한 쌍을 보고 노래를 지었다.

최초의 서정시, 「황조가」

「황조가黃鳥歌」는 『삼국사기』 「고구려 본기」에 배경 설화와 함께 4언 4구의 한시로 번역된 노랫말로 전해진다. 기원전 17년, 고구려 제2대 유리왕이 지었으며, 매우 짧은 서정시로 사랑하던 사람을 잃은 고독과 슬픔의 감정을 꾀꼬리라는 동물을 끌어들여 우의적으로 잘 형상화하고 있다. 『삼국사기』 「고구려 본기」에 유리왕은 많은 시련을 겪은 왕으로 기록되어 있다. 나라 밖으로는 부여와의 싸움이 격화되면서 위기가 오기도 했다. 그리고 나라 안으로는 유리왕이 다물후 송양의 딸을 맞아들여 왕비로 삼은 지 1년 만에 왕비가 죽었다. 이어서 아버지와 아들 사이의 갈등 때문에 태자인 해명이 죽게 되는 사태도 일어났다. 엎친 데 덮친 격으로 두 번째 왕비로 삼은 화희와 치희 사이에 다툼이 일어났다. 유리왕이 이러한 시련을 겪게 된 근본적인 이유는 신화적인 질서가 무너지면서 가치관의 전반적인 혼란이 일어난 데 있었다고 보는 견해가 있다.

초자연적인 존재의 힘을 빌려 재앙을 물러가게 하거나 앞으로 다가올 일을 점치는 성향인 주술성과 거룩하고 성스러운 특성인 신성성이 깃들어 있는 「구지가」와 달리 「황조가」는 신성성과 주술성이 무너져 버린 채 개인적인 갈등과 좌절을 자아화하여 노래하고 있다. 「황조가」는 집단적·종교적인 특성에서 벗어나 개인적 서정성을 보여 주는 노래로 우리나라 시 문학 사상 최초의 서정시라는 점에서 문학사적 의의를 지닌다.

한층 더 깊이 읽기

「황조가」는 서정 시가인가, 서사 시가인가

삼국 및 가야 시대 시 문학 작품으로는 구전으로 전해져 오던 가요를 한문으로 번역한 작품, 구전되어 오다가 뒤에 한글로 기록된 작품, 한자로 문학 작품을 창작한 한시, 향찰로 지은 향가 같은 작품들이 있다.

구전 가요를 한문으로 번역한 「황조가」는 집단적 서사 문학에서 개인적 서사 문학으로 옮아가는 과도기적 작품이다. 『삼국사기』에 실린 「황조가」의 배경 설화를 사회적으로 해석하여 화희와 치희의 싸움을 두 종족 간의 알력 다툼으로 보면, 유리왕이 두 종족의 갈등을 화해시키지 못하고 부른 노래이니 서사 시가로 보아야 한다는 견해도 있다. 학계는 대체로 「황조가」는 유리왕 자신의 정서와 사상을 노래한 서정 시가로 보고 있다.

「여수장우중문시」 – 수나라 장군 우중문에게 보내는 시

신책구천문　神策究天文
묘산궁지리　妙算窮地理
전승공기고　戰勝功旣高
지족원운지　知足願云止

귀신과 같은 재주는 하늘의 뜻을 파고들었고,
기묘한 계산은 땅의 이치를 꿰뚫었구나.
싸움마다 이겨 공이 이미 높으니,
만족함을 알았으면 이제 그만 두기를 바라노라.

 **조금 더 알아보기**　오언 절구 형식의 「여수장우중문시」

한자로 된 시가 문학을 한시라고 한다. 한시의 기본 형식은 4줄로 된 절구, 8줄로 된 율시, 12줄을 기본으로 하는 배율이 있으며, 한 구를 이루는 글자 수에 따라 다섯 글자인 오언, 일곱 글자인 칠언으로 나뉜다.
「여수장우중문시」시는 4줄로 되어 있고, 한 줄이 5글자로 되어 있으므로 오언 절구 형식의 한시이다. 「여수장우중문시」는 현재 전해지는 한시 중 가장 오래된 작품이다.
이 시를 받은 우중문의 수나라 군대는 결국 퇴각하다가 고구려군에게 거의 전멸당한다.

3부

삼국과 가야의 문학과 예술

「여수장우중문시與隋將于仲文詩」는 고구려 영양왕 23년인 612년 살수대첩 때 을지문덕이 반어법과 억양법을 적절하게 구사하여 수나라 장군 우중문을 조롱한 시이다. 5언 절구의 형식을 가지고 있다.『삼국사기』에 수록되어 있는 이 시는 지금까지 전해 오는 한국 시 문학 작품 가운데 작가와 지은 시기와 작품의 원래 모습을 정확하게 알 수 있는 작품이다.

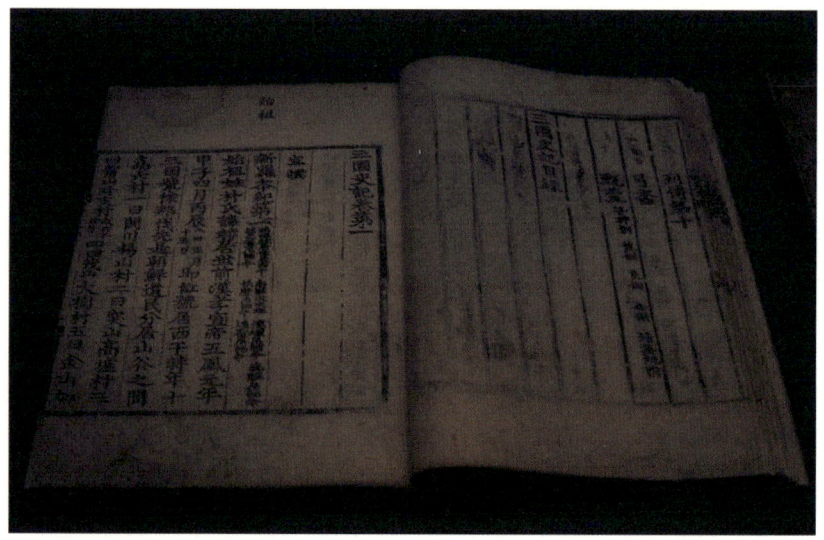

• 『삼국사기』

2. 백제의 시 문학

「정읍사」 – 남편을 기다리는 아내의 노래

둘하 노피곰 도드샤,

어긔야 머리곰 비취오시라.

어긔야 어강됴리.

아으 다롱디리.

져재 녀러신고요.

어긔야 즌 딕룰 드딕욜셰라.

어긔야 어강됴리.

어느이다 노코시라.

어긔야 내 가논 딕 졈그룰셰라.

어긔야 어강됴리.

아으 다롱디리.

「정읍사」는 아내가 남편이 무사히 돌아오도록 달님에게 기원하는 노래이다.

달님이시여 높이높이 돋으시어

어긔야 멀리멀리 비춰 주십시오.

어긔야 어강됴리

아으 다롱디리

시장에 가 계신가요?

어긔야 험한 곳을 디딜까 두렵습니다.

어긔야 어강됴리

어느 곳에다 놓아 두십시오.

어긔야 내가 가는 곳에 날이 저물까 두렵습니다.

어긔야 어강됴리

아으 다롱디리

한글로 기록되어 전하는 가장 오래 된 가요, 「정읍사」

문헌상에 그 이름만 전해져 오는 백제의 가요는 「선운산가」, 「지리산가」, 「방등산가」, 「무등산가」 등이 있다. 백제의 가요로는 유일하게 「정읍사」가 전해져 오는데, 전 3장 6구로 되어 있다. 「정읍사」가 실려 있는 책은 조선 왕조 성종 24년 1493년에 편찬된 『악학궤범』이다. 한글로 기록되어 전하는 가장 오래된 가요로, 고려 시대를 거쳐 조선 시대에 이르러서도 이 가요가 궁중악으로 불렸기 때문에 한글로 표기될 수 있었다.

「정읍사」는 행상 나간 남편이 무사히 돌아오도록 달이 높이 비춰 주기를 바라며 행상인의 아내가 지은 가요로 달을 제재로 하여 남편의 무사함을 기원하는 주제를 담고 있다.

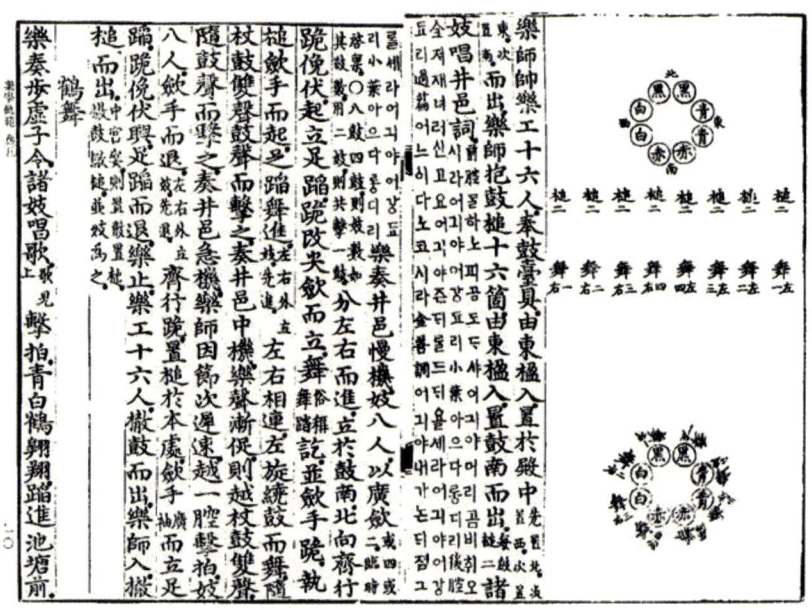

• 『악학궤범』에 실려 있는 「정읍사」

3. 신라의 시 문학

3부 삼국과 가야의 문학과 예술

「태평송」 – 당나라를 칭송하는 오언고시

대당개홍업(大唐開洪業), 외외황유창(巍巍皇猷昌),
지과융의정(止戈戎衣定), 수문계백왕(修文繼百王),
통천숭우시(統天崇雨施), 이물체함장(理物體含章),
심인해일월(深仁諧日月), 무운매시강(撫運邁時康),
번기하혁혁(幡旗何赫赫), 정고하굉굉(鉦鼓何鍠鍠),
외이위명자(外夷違命者), 전복피천앙(剪覆被天殃),
순풍응유현(淳風凝幽顯), 하이경정상(遐邇競呈祥),
사시화옥촉(四時和玉燭), 칠요순만방(七曜巡萬方),
유악항재보(維嶽降宰輔), 유제임충양(維帝任忠良),
오삼성일덕(五三成一德), 소아당가황(昭我唐家皇)

위대한 당나라가 왕업을 여시니, 황제의 드높은 교화가 창성하도다.
전쟁이 그치니 군사들은 시름 놓고, 문文을 닦아서 대대로 이었도다.
하늘을 대신하여 은혜도 높을시고, 만물을 다스리니 저마다 빛을 내도다.
가없는 어진 덕은 해와 달과 짝하고, 시운을 어루만져 태평시절을 지향하도다.
나부끼는 깃발은 어찌 그리 빛이 나며, 징과 북은 어이 그리도 맑게 울리는가.
황제 명령 어기는 외방의 오랑캐는, 칼날에 잘리고 넘어져 천벌을 받았도다.
밝고 어두운데 없이 순박한 풍속이 어리었고, 멀리서 가까이서 저마다 상서로움 아뢰도다.
사철의 기후는 옥촉같이 고르고, 해와 달과 별들이 만방을 두루 비치도다.
산의 신령은 어진 재상을 내리고, 황제는 어질고 성실한 신하에게 맡도다.
삼황오제의 덕을 하나로 합쳐 이루었으니, 우리 당나라 황실 밝도다.

- 왕업王業 : 임금이 나라를 다스리는 대업大業
- 시운時運 : 그때나 시대의 운수
- 옥촉玉燭 : 사철의 기후가 고르고 날씨가 화창하여 해와 달이 훤히 비치는 것을 말함

당나라 고종에게 바친 「태평송」

「태평송」은 「치당태평송」・「직금헌당고종」이라고도 한다. 649년 신라의 석토성 등 7성을 대대적으로 공격해 온 백제군을 김유신이 이끄는 신라군이 무찌른 사실을 당나라에 보고할 때 진덕여왕은 「태평송」을 비단에 짜 넣어 김춘추의 아들 법민을 시켜 당나라 고종에게 바쳤다.

한 구가 다섯 글자로 이루어진 오언고시로 형식상 20구 10운의 「태평송」은 당나라의 위엄과 문화적 우월성을 인정하고 칭송하는 내용으로 이루어져 있다. 고려 시대의 문장가 이규보는 「태평송」이 당나라 초의 어느 명작에 비교하더라도 우열을 가리기 어렵다고 평했다. 명나라 초, 고병이 편찬한 『당시품휘唐詩品彙』에서도 고상하고 예스러우며 웅장하고 혼연하다고 평했다. 주로 한당시漢唐詩와 당송고문唐宋古文을 모범으로 해 수사적 기교에 중점을 둔 장식적 문학론인 사장詞章의 전례라는 점에서 문학사적 의의가 있다. 당나라의 군사적 지원을 받기 위해 당나라 고종을 칭송하고 있어 사대적이라고 비판받기도 한다. 세속의 기풍이 전혀 보이지 않는 「태평송」의 지은이는 진덕여왕이라고 하는데, 확실하지 않다.

조금 더 알아보기 — 삼황오제는 누구인가?

삼황오제三皇五帝가 누구를 가리키는가에 대해서는 다양한 설이 있다. 삼황은 백성들에게 화식火食하는 방법을 가르친 수인씨・목축을 가르친 복희씨・농사 짓는 법을 가르친 신농씨 등 세 임금을 말한다. 오제는 황제・전욱・제곡・요・순 등 다섯 임금을 말한다.

「서동요」 – 서동과 선화공주의 사랑 이야기

무왕의 이름은 이름은 장^璋 또는 무강이었다. 장의 어머니는 과부였다. 그녀는 백제의 수도 사비성 남쪽의 연못가에서 집을 짓고 홀로 살았다. 그러던 어느 날이었다. 그녀는 연못에서 살고 있는 용과 잠자리를 같이 하여 아들을 낳았다. 그는 어릴 때부터 항상 마를 캐서 팔아 살림을 꾸려 나갔다. 사람들이 '마를 파는 아이'라는 뜻으로 그를 서동이라고 불렀다.

서동은 신라 진평왕의 셋째 딸 선화공주_{善化公主}가 매우 아름답다는 소문을 들었다. 그는 머리를 깎고 신라의 수도 금성으로 갔다. 그는 마을 아이들에게 마를 나누어 주었다. 아이들과 그는 곧 친해졌다.

서동은 동요 한 편을 지었다. 그리고 그는 그것을 아이들이 부르고 다니도록 꾀었다.

善化公主主隱　　善化公主님은
他密只嫁良置古　　놈 그스지 얼어 두고
薯童房乙　　　　　맛둥방을
夜矣卯乙抱遣去如　밤의 몰 안고 가다.

선화공주님은
남 몰래 짝 맞추어 두고
서동 도련님을
밤에 몰래 안고 간다.

이 노래는 금성의 거리에 쫙 퍼졌다. 마침내 진평왕의 귀에도 들어갔다. 벼슬아치들이 이 노래를 사실로 믿고 들고일어났다. 진평왕은 어쩔 수 없이 선화공주를 먼 시골로 유배시키도록 했다. 누명을 쓴 선화공주가 유배의 길을 떠날 때 왕후가 순금 한 말을 몰래 주었다.

선화공주가 먼 시골로 유배 가는 길에 서동이 도중에 나타나, 그녀의 뒤를 따랐다. 그녀는 그가 누구인지 몰랐다. 그러나 그녀는 그가 믿음직스러웠다.

서동과 선화공주는 상수리나무 밑에서 저녁을 먹었다. 어느새 어스름이 숲속으로 밀려와 있었다.

"어머, 저 별 좀 봐."

선화공주가 손가락으로 별을 가리키며 서동의 어깨에 머리를 기댔다. 그는 그녀의 어깨를 감쌌다. 그들은 풀 위에 나란히 누웠다. 하늘에는 수없이 많은 별들이 영롱하게 빛나고 있었다.

그들은 함께 백제 땅으로 왔다. 선화공주가 말 등에 묶어 놓았던 자루에서 금을 꺼냈다.

"이게 무엇이오?"

서동이 물었다.

"황금이라 하는 겁니다. 우리가 평생 편안히 살아갈 수 있을 거예요."

선화공주가 대답했다.

- **선화공주와 서동**
  익산 서동공원에 있는 조각상이다. 아름다운 사랑을 이룬 두 사람의 애틋한 마음을 기념하고 있다.

"황금이라고? 내가 어려서부터 마를 캐던 곳에 가면 이 따위 것들은 진흙덩이처럼 쌓여 있소."

서동이 퉁명스럽게 말했다.

"이것은 세상에서 가장 귀중한 보배입니다. 지금 황금이 있는 곳을 알고 있으시다면 그 보물을 부모님들이 살고 계신 궁전으로 실어 보내는 것이 어떻겠습니까?"

깜짝 놀란 선화공주가 말했다.

"그럽시다."

서동이 짧게 대답했다.

그들은 황금이 묻혀 있는 곳으로 갔다.

"정말 황금이네!"

선화공주는 손뼉을 치며 좋아했다.

서동은 웃통을 벗어젖히고 금을 캤다. 선화공주는 금을 소쿠리에 담아 날랐다. 드디어 금 더미가 작은 언덕만큼 쌓였다.

"그런데 이 금 더미를 어떻게 옮기지?"

"걱정 마세요. 지명 법사님께 부탁드리면 거뜬히 해결해 줄 겁니다."

그들은 용화산 사자사로 지명 법사를 찾아갔다.

"오늘은 무슨 일로 찾아 왔는고?"

지명 법사가 염주를 굴렸다.

"황금을 캤는데 신라의 궁전으로 옮기는 방법이 없나 해서 왔습니다."

서동이 머리를 조아렸다.

"내가 귀신의 힘을 빌려 보낼 수 있다. 금을 가져오너라."

선화공주는 편지를 써서 금과 함께 지명 법사에게 맡겼다. 지명 법사는 신통력으로 금을 모두 하룻밤에 신라의 궁궐로 옮겨 주었다.

"정말 신기하고 묘한 일이로다!"

진평왕은 작은 언덕처럼 쌓인 황금 궤짝을 바라보며 벌어진 입을 다물지 못했다. 그는 서동에게 감사의 편지를 보냈다. 서동이 진평왕과 편지를 주고받으면서, 인심을 얻어 왕위에 오르게 되었다. 그가 바로 백제 30대 임금 무왕이다.

어느 날 무왕과 왕비는 용화산 사자사로 가기 위해 길을 떠났다. 그들이 용화산 아래의 큰 연못가에 이르렀을 때였다. 미륵세존이 못 한가운데에서 솟아 나왔다. 그들은 수레를 멈추고 경배를 했다.

"이곳에다 큰 가람을 짓는 게 저의 소원입니다."

왕비가 말했다.

그들은 지명 법사에게로 갔다.

"연못을 메워 큰 가람을 세우려고 하는데 연못을 메울 방법이 없나 해서 왔습니다."

무왕이 말했다.

"그건 염려하지 마십시오."

지명 법사는 귀신의 힘으로 하룻밤 사이에 산을 무너뜨려 연못을 메웠다. 편편하게 닦은 다음 그곳에다 미륵불을 모시고 미륵사를 창건하였다.

이 미륵사를 지을 때 신라의 진평왕이 많은 기술자들을 보내어 도와주었다.

민요가 4구체 향가로 정착된 「서동요」

향가는 신라 시대로부터 고려 시대 전기까지 한자의 음과 뜻을 빌려 우리말을 적던 정형 시가를 가리키는 말이다. 그리고 그 표기 체계를 향찰이라고 말하기도 한다. 주로 향가의 표기에 이용된 향찰은 『균여전』「역가공덕분譯歌功德分」의 최행귀 서문에 비로소 나타난다. 중국 시가에 대한 우리나라 고유의 시가를 향가라고 하기도 한다.

향가 가운데는 「모죽지랑가」 같은 개인이 지은 서정가요도 있고, 「풍요」 같은 민요도 있고, 「혜성가」와 「도솔가」 같은 의식요도 있다. 향가 작가들은 다양하지만 중심이 되는 작가층은 화랑과 승려 계층이라고 할 수 있다. 「혜성가」를 지은 융천사는 신라 진평왕 때의 승려였다.

『삼국유사』의 「기이」 '무왕조'에 실려 있는 「서동요」는 민요가 4구체 향가로 정착된 것으로 선화공주에 대한 연모의 정을 노래하고 있는데, 향가 중 유일한 동요라고 볼 수 있다. 현재까지 전해지는 가장 오래된 향가이다. 「서동 설화」는 서동이 신라의 서라벌에 가서 선화 공주를 모함하는 노래를 지어 아이들에게 부르게 한 후 귀양 가는 선화공주를 아내로 맞이한다는 서사 구조를 가지고 있다. 영웅 설화의 원형을 지니고 있는 설화인 「서동 설화」의 주인공 서동을 백제의 동성왕이나 무령왕으로 보는 학자들도 있으나, 일반적으로 『삼국유사』의 기록대로 무왕으로 본다. 정치적으로 많은 어려움을 겪고 왕위에 오른 무왕이 그것을 타개하는 데 신라 진평왕의 도움을 받으려 했으며, 그 도움의 고리 역할을 한 것이 무왕과 진평왕 딸의 결혼인 것으로 보인다는 견해가 있다.

그러나 2009년 1월 14일에 전북 익산시 미륵사지 석탑 해체 중 발견된 금동사리함의 사리봉안기로 인해 무왕과 선화공주의 결혼 자체가 없었다며, 「서동 설화」를 부정하는 주장이 나왔다.

　특히 미륵사지 석탑에서 발견된 사리봉안기에서 논란이 되는 부분은 "우리 백제 왕후께서는 좌평 사탁적덕의 따님으로"라는 구절이다. 이 구절로 인해 미륵사지 석탑의 준공 당시 무왕의 왕비는 선화공주가 아니라 무왕 당시 백제 최고 관직인 좌평 사탁적덕沙宅積德의 딸인 사탁왕후라는 것이 밝혀졌다. 백제가 사비성에 도읍을 하고 있을 무렵에는 대성팔족大姓八族이라고 하는 유력한 귀족 가문이 8개가 있었다. 그 중에 제일 먼저 나오는 가문이 사탁씨이다.

　당대 백제의 왕은 일반적으로 2명의 왕비를 두고 있었다는 것과 41년 동안이나 왕위에 있었던 무왕에게 사리봉안기에 기록된 백제 왕후 말고도 다른 왕비가 있었을 가능성이 높다는 것을 염두에 두어야 한다는 사실도 잊어서는 안 된다는 견해도 있다.

조금 더 알아보기 ― 미륵사지 석탑의 금동사리함 사리봉안기

미륵사지 석탑 해체 중 발견된 금동사리함의 사리봉안기는 그 내용이 네 부분으로 되어 있다. 첫 번째는 석가모니 사리의 위대함을 말하고, 두 번째는 사탁씨 출신 왕후가 재물을 희사해서 탑을 세우고 사리舍利를 봉안한다는 내용이고, 세 번째는 대왕폐하의 만수무강을 기원한다는 것이고, 네 번째는 왕후가 복을 받고 성불成佛할 것을 기원하는 내용으로 되어 있다.

「도솔가」 - 가사는 전해지지 않는 노래

신라 유리이사금 때 지어진 고대 가요인 「도솔가」는 작자 및 가사의 내용이 전하지 않는다. 『삼국사기』에 의하면 신라 유리이사금이 나라 안을 순행하다가 굶주리고 얼어 죽어가는 할머니를 발견하고, 자기가 잘못한 탓이라 하며 가엾은 백성들을 구제하는 방책을 세우도록 했다. 이 해에 「도솔가」를 처음 지었다. 이것이 가악의 처음 시작이었다. 한편 『삼국유사』에는 "도솔가를 처음 지으니, 차사사뇌격嗟辭詞腦格이 있다."라는 구절이 있다. '차사사뇌격'은 '차사'와 '사뇌격' 두 부분으로 나눌 수 있다. 차사는 '아으'·'아야' 등 향가에 붙은 감탄사라고 볼 수 있으며, 사뇌격은 '사뇌가 격식의 노래'라는 뜻으로 10구체 형식을 말한다.

「도솔가」는 「수로왕 신화」에 나오는 「구지가」와 함께 주술적 내용을 담은 신가神歌로 알려져 있기도 했다. 신가는 불교가 들어온 이후로는 승려들이나 화랑에 의해서 향가의 형태로 발전하였다. 「도솔가」에 대해 '서사시

조금 더 알아보기

이름만 전해지고 가사는 전하지 않는 노래들

『삼국사기』에는 「도솔가」에 이어서 「회소곡」이 소개되어 있다. 「회소곡」은 신라 여성들이 길쌈을 하면서 노래한 노동요이다. 신라의 노래로 문헌상에 이름만 나타나고 가사가 전하지 않는 노래로는 「도솔가」와 「회소곡」 이외에 「목주곡」, 「동경곡」, 「장한산곡」, 「이견대곡」, 「원사」 등이 있다.

「혜성가」는 왜군이 물러가기를 기원하면서 부른 향가이다.

와 서정시의 중간 형식', '개인적인 서정시', '집단적 원시예술로부터 서정 가요 옮겨 가는 중간 형태' 등으로 보는 견해가 있다.

「혜성가」 – 왜군을 물리치고자 지은 노래

제5거열랑·제6실처랑·제7보동랑 등 세 화랑의 무리가 지금의 금강 산인 풍악으로 여행을 하려고 나섰을 때였다. 갑자기 혜성이 나타나 해를 갉아 먹기 시작했다.

왜군들이 금성으로 쳐들어오기 위해 동해 바닷가에 상륙했다는 소식이 전해졌다.

"아무래도 불길한 징조 같아. 우리 여행을 중단하고 돌아가자고."
거열랑이 뒤돌아보며 말했다.
"나도 돌아가는 것이 좋겠다고 생각해. 왜군들이 또 쳐들어오잖아."
보동랑이 동감의 뜻을 나타냈다.
그때 융천사가 나타났다.
"세 화랑들이여 걱정하지 마시고 내 노래를 들어보시오."
융천사는 노래를 부르기 시작했다.

舊理東尸汀叱乾達婆矣	녜 싀ㅅ믉ㄱ
遊烏隱城叱肹良望良古	乾達婆의 놀온 잣흘란 브라고
倭理叱軍置來叱多	예ㅅ 軍두 옷다
烽燒邪隱邊也藪耶	燧ㅅ얀ㄱ 이슈라
三花矣岳音見賜烏尸聞古	三花의 오름 보샤올 듣고
月置八切爾數於將來尸波衣	들두 ㅂ질이 혀렬 바에
道尸掃尸星利望良古	길 쓸 벼리 브라고
彗星也白反也人是有叱多	彗星여 술여 사룸이 잇다
後句 達阿羅浮去伊叱等邪	아으 둘 아래 뼈갯더라
此也友物叱所音叱彗叱只有叱故	이 어우 믓숌 彗ㅅ기 이실꼬

3부

삼국과 가야의 문학과 예술

옛날, 동해물가

건달바가 놀던 성을 바라보고

왜군이 왔다고

봉화를 올린 변방이 있어라!

세 화랑이 산 구경 오심을 듣고

달도 부지런히 등불을 켜는데

길을 쓸고 있는 별들을 바라보고

혜성이여, 사뢴 사람이 있어라.

아으! 달 아래로 떠나갔더라.

어사와! 무슨 혜성일꼬?

혜성이 즉시 사라졌다. 그리고 왜군들도 배를 타고 도로 제 나라로 되돌아갔다.

"과연 놀라운 일입니다."

세 화랑은 융천사에게 감사의 뜻을 표하고 풍악으로 향했다.

진평왕은 기뻐하며 화랑과 그 낭도들을 풍악으로 보내어 놀게 했다.

주술적인 노래로 뛰어난 서정성을 지닌 「혜성가」

10구체 향가는 가장 정제된 형식으로 일명 사뇌가라고 하며 대개 서정적인 내용을 담고 있다. 10구체 향가로 주술적인 노래인 「혜성가」는 '동해

• 건달바 : 음악과 놀이를 관장하는 불교의 신. '건달바가 논 성'은 신기루이다

물가 · 성 · 봉화 · 달 · 혜성'과 같은 시어를 통해 서정적 세계를 탁월하게 그리고 있다.

고대인들에게는 자연을 두려워하며 숭배하는 샤머니즘 사상이 있었다. 그 원시적인 샤머니즘 사상이 신라 시대에 들어와서도 남아 있었다. 신라 사람들은 주술적인 힘을 통해 위기를 해결할 수 있다고 믿었다. 「혜성가」는 이러한 배경 아래에서 탄생하게 된 것이다.

「혜성가」의 배경 설화에서 "혜성이 심대성을 범했다."라는 기록은 신라에 왜국 군사들이 침범했던 것을 비유하고 있다고 볼 수 있다. 『삼국사기』와 『삼국유사』, 그리고 『일본서기日本書紀』에는 왜국 군사들이 신라를 침범한 기록이 많이 있다. 이를 통해 「혜성가」의 배경 설화가 역사적 사실을 내포하고 있다는 것을 알 수 있다. 「혜성가」를 지은 융천사는 신라 진평왕 때의 승려였다.

「풍요」 – 장륙상을 만들 흙을 나르며 부른 노동요

선덕여왕은 부처의 힘으로 나라를 평안히 하고자 분황사와 영묘사를 세우도록 했다. 영묘사의 장륙존상을 만든 사람은 양지라는 승려였다. 그가 지팡이 머리에 포대를 하나 달아 놓으면 지팡이가 저절로 시주하는 집으로 날아갔다. 지팡이가 흔들려 소리가 나면 그 집에서 이것을 알아채고 재에 올리는 비용으로 곡식 같은 것을 집어넣었다. 자루가 다 차면 날아서 되돌아왔다. 이 때문에 그가 살고 있는 절 이름을 석장사라고 하였다.

양지는 여러 가지 재주에 두루 능통했다. 그는 글씨도 잘 썼다. 영묘사 장륙상 세 분과, 천왕의 상과, 전각과 탑의 기와와 아울러 천왕사 탑 아래 부분의 8부 신장과 법림사 주장 부처 세 분과 좌우쪽 금강신 등이 모두 그가 빚어 만든 것이었다. 영묘사와 법림사 두 절 이름 현판도 그가 썼으며 또 일찍이 벽돌을 다듬어 한 작은 탑을 만들고, 이와 함께 부처 3천 개를 만들어 그 탑에 모시어 절 가운데 두고 항상 경의를 드렸다. 그가 영묘사의 장륙상을 빚어 만들 때에 스스로 선정에 들어가 잡념 없는 정신으로 대하는 것을 만드는 법식을 삼았다. '선정'은 참선하는 사람이 잡념을 다 버리고 맑은 심경에 도달하는 것을 말한다. 이 때문에 온 성 안의 남녀들이 다투어가면서 진흙을 날랐다.

　　來如來如來如　　　오다 오다 오다
　　來如哀反多羅　　　오다 서럽다라
　　哀反多矢徒良　　　서럽다 의내여
　　功德修叱如良來如　功德 닷ᄀ라 오다

　　오다 오다 오다
　　오다 서럽더라
　　서럽다 중생의 무리여
　　공덕 닦으러 오다

사람들은 진흙을 나르면서 노래를 불렀다. 사람들은 방아를 찧거나 힘든 일을 할 때에는 이 노래를 불렀다.

신라인들의 서러운 염원이 담긴 「풍요」

영묘사가 낙성된 것은 선덕여왕 4년인 635년이다. 「풍요」 역시 이 무렵에 지어졌을 것으로 보인다. 삼국 시대 말기이다. 고구려와 백제의 틈 사이에서 신라가 바람 앞에 등불처럼 위태로운 상태에 놓여 있었다. 그나마 김춘추와 김유신이라는 걸출한 인물들이 나라를 지탱하고는 있었지만 백성들의 삶은 피폐했다. 백성들의 삶을 달래 줄 안식처가 필요했다.

「풍요」의 배경 설화에 그 안식처가 불교였음이 드러난다. 삶에 지치고 앞길이 안개가 낀 것처럼 보이지 않던 금성의 남녀들이 공덕을 쌓아 부처님께 귀의하고자 하는 염원이 「풍요」에 담겨 있다고 볼 수 있다.

> #### 한층 더 깊이 읽기
>
> ### 민요적 성격을 가장 잘 표현한 향가 「풍요」
>
> 『삼국유사』 「의해」 '양지사석조'에 실려 있다. '양지사석良志使錫'은 "양지가 지팡이를 부리다."라는 뜻이다. 「풍요」는 양지가 영묘사 장륙존상을 만들고자 했을 때, 금성의 남녀들이 흙을 운반하며 부른 노동요이다. 이 노동요는 유행하는 노래라는 뜻으로 「풍요風謠」라고 불리는 4구체 향가이다. 현재까지 전해지는 향가 가운데 민요적 성격을 가장 잘 표출하고 있는 노래로 불교의 교리가 내포되어 있다.

3부 삼국과 가야의 문학과 예술

4. 가야의 시 문학

「구지가」 – 금관가야의 왕을 바라며 부른 노래

구하구하　　龜何龜何
수기현야　　首其現也
약불현야　　若不現也
번작이끽야　燔灼而喫也

거북아, 거북아,
머리를 내밀어라.
내밀지 않으면
구워서 먹으리.

새로운 왕의 출현을 기원하는 집단가요 「구지가」

「구지가」는 원래의 가요가 전하지 않고 4구체의 한문으로 번역되어 『삼국유사』에 실려 있다. 금관가야(가락국) 건국 신화에 나오는 가요로 서기 42년 3월에, 가락국 9간이 백성 200~300명을 거느리고 현재 경남 김해시인 구지봉에서 수로왕을 맞이하기 위하여 춤추고 산봉우리를 파헤치면서 부른 가요이다. 「구지봉영신가」, 「영신군가迎神君歌」라고도 불리는 「구지가」는 김수로왕의 강림을 기원하는 시가로 주가, 집단무요, 노동요의 성격을 띠고 있다.

「구지가」와 내용과 형식이 비슷한 노래로, 신라 성덕왕 때 바다용에게 끌려간 수로부인을 구출하기 위해 불렀다는 「해가海歌」가 있다.

 〈술술 훑어보기〉 삼국과 가야의 시 문학

구분	작품
고구려	「황조가」, 「여수장우중문시」
백제	「정읍사」
신라	「태평송」, 「서동요」, 「도솔가」, 「혜성가」, 「풍요」
가야	「구지가」

- 강림降臨 : 신이 하늘에서 인간 세상으로 내려옴
- 주가呪歌 : 주술의 노래
- 집단무요集團舞謠 : 단체로 춤을 추며 부르는 노래

2장 삼국과 가야의 설화 문학

• 부여 궁남지
「서동요」의 주인공인 백제 무왕의 출생 설화와 관련이 있는 연못이다.

1. 고구려의 설화 문학

2. 백제의 설화 문학

3. 신라의 설화 문학

4. 가야의 설화 문학

• 아차산 입구에 있는 온달과 평강공주 조각상

1. 고구려의 설화 문학

「온달 설화」 - 바보 온달과 평강공주

고구려의 수도 평양성 밖에 온달이라고 불리는 젊은이가 살고 있었다. 그는 아주 못생겼으나 마음만은 착하였다. 그는 산에 가 나무를 해다가 짊어지고 평양성에 들어가 나무를 팔았다. 그 돈 몇 푼으로 눈이 멀고 늙은 홀어머니를 모셨다. 온달은 늘 다 떨어진 옷과 너덜너덜한 신발을 신고 평양성 거리를 오갔다.

이 무렵 평원왕에게는 어린 공주가 있었다. 그녀는 어려서부터 성미가 까다로워 조금이라도 자신의 마음에 맞지 않으면 몹시 울어 댔다. 어찌 된 일인지 울지 않아도 될 일인데도 마냥 울어 대는 것이었다. 평원왕이 울어 대는 공주를 달래도 잘 듣지 않았다.

"너는 늘 울기만 하여 나의 귀를 요란스럽게 하는구나. 커서도 반드시 점잖은 집안에 시집을 가지 못할 것이니, 울음을 그치지 아니하면 저 바보 온달에게나 시집을 보내겠다."

3부 삼국과 가야의 문학과 예술

평원왕이 농담으로 공주에게 말했다.
공주는 계속 울어 댔다. 그녀가 울어 댈 때마다 평원왕은 바보 온달에게 시집을 보낸다고 되풀이하여 말하였다. 평원왕으로서는 너무나 그녀가 울음을 그치지 않아 농담으로 한 말이었으나 어린 공주에게는 바보 온달에게 시집을 보낸다는 말이 가슴 깊이 새겨졌다.

세월은 망아지가 문턱을 넘어 달아나듯 빨리 흘렀다. 어느덧 공주도 아리따운 나이 열다섯 살이 되어, 시집을 가야만 했다. 평원왕은 고구려의 귀족인 고씨 집안에 공주를 시집보내기로 결정하였다.
"아바마마께서는 항상 저를 온달에게 시집을 보내야 하겠다고 말씀하셨기에 저도 아바마마가 하신 그 말씀을 고이 가슴에 새겨 왔는데, 다른 데로 시집을 가라니 그것이 어이된 말씀입니까? 저는 고씨 집안으로는 시집을 가지 않겠습니다."
공주가 굳은 얼굴로 말했다.

이러한 공주의 말을 듣고 평원왕은 깜짝 놀랐다. 그가 온달에게 시집을 보내야겠다고 말한 것은 공주가 어렸을 때, 너무나도 자주 울고 좀처럼 울음을 그치지 않으므로 농담 삼아 했던 말이었다. 그 말을 어린 공주가 너무 고지식하게 믿어 버렸던 것이었다.
"그건 그렇지 않다. 공주가 어려서 너무나 자주 울어 댔기에 그것을 달래느라고 한 말이지, 어디 한 나라의 공주가 바보와 같은 온달에게 시집을 갈 수 있단 말인가?"

평원왕은 공주를 잘 달랬다. 그러나 공주는 그의 말을 듣지 않았다. 그는 공주를 꾸짖어 보기도 했다. 그래도 소용이 없었다.

"아무리 임금이라 할지라도 잘못된 분부는 받들어 모실 수 없습니다."

공주의 고집은 꺾일 줄 몰랐다.

이 무렵, 고구려는 강해지고 옛날보다 잘살게 되었다. 궁중이나 귀족과 대신들 사이에 사치의 습관이 생겼다. 그리고 실력보다도 집안을 더 중요시했다. 공주는 이러한 것들을 마땅치 않게 생각했다. 공주는 몰래 궁궐 밖을 빠져나가 사람들이 바보라고 손가락질을 하는 온달을 살펴보았다. 그녀는 그가 지금 가난에 찌들려 겉모양은 바보처럼 보일지 모르나 그의 가슴 속에 잠재해 있는 뜨거운 용기와 그의 머리에 있는 뛰어난 식견이 햇빛을 보지 못하고 있을 뿐이라고 생각했다. 그를 시궁창에 파묻혀 있는 옥 같은 인물이라고 여겼다.

"내 말을 듣지 않고 반발하는 너는 내 딸이라고 할 수 없다. 그러니 너는 마땅히 네가 가고 싶은 데로 가도록 하라!"

공주가 도무지 말을 듣지 않자, 평원왕은 홧김에 호통을 쳤다.

마침내 공주는 궁중에서 쫓겨났다. 그녀는 궁궐을 떠날 때 어머니가 몰래 챙겨 준 10개의 황금 팔찌를 가지고 나왔다.

"온달 님이 사는 집이 어딘지 아세요?"

공주는 길 가는 사람을 붙잡고 물어보았다.

사람들은 아름다운 아가씨가 온달의 집을 찾는 것을 이상하게 생각하여 고개를 갸웃거렸다.

공주는 소쿠리를 든 아주머니가 가리키는 대로 곧장 걸어 올라갔다. 온달의 집을 쉽게 찾을 수 있었다. 다 쓰러져 가는 오막살이 집이었다. 마침 온달은 지게를 지고 산에 가고 없었고, 늙은 어머니가 집을 지키고 있었다.

　온달을 찾아왔다는 말에 온달의 어머니는 코를 벌름거리면서 손을 더듬어 공주의 옷자락을 만져 보았다. 그녀는 사람의 살결보다도 고운 비단옷이란 사실을 알아차렸다. 몸을 움찔하고 잠시 뒤로 물러섰던 그녀는 다시 손을 천천히 뻗어 공주의 손을 만져 보았다. 일이라곤 한 번도 해 본 적이 없는 부드러운 손이었다.
　"내 아들은 가난하고 또한 누추하므로 귀한 사람이 가까이할 바가 못 됩니다. 지금 그대의 냄새를 맡고 말소리를 들어 보니 그 냄새가 이상하게도 향기롭고, 그대의 손을 만져 보니 마치 솜과 같이 부드러우니 귀하신 분임에 틀림없습니다. 누구의 댁에서 이곳으로 오셨는지요? 내 아들은 굶주림을 참지 못하여 느릅나무 껍질을 벗기러 산으로 들어간 지 오래되었으나, 아직도 돌아오지 아니하였습니다."
　온달의 어머니가 말을 마치고 길게 한숨을 쉬었다.

　공주는 온달의 집을 나와 걸었다. 산 아래에 이르렀다. 온달이 느릅나무 껍질을 지게에 지고 언덕길을 내려오고 있었다.

　자신이 온달에게 시집을 올 여자라는 공주의 말에 온달은 깜짝 놀랐다.
　"어허, 그게 무슨 헛소리요? 당신같이 아름다운 여자는 나와는 아무런 연분이 없는 사람이오. 아무래도 여우나 도깨비가 맞는 것 같소. 그렇다면 어서 썩 꺼져 버리시오!"

온달이 화난 음성으로 말하고는 뒤도 돌아보지 않고 집으로 내뺐다.

더 이상 말을 붙여 볼 겨를도 없어진 공주는 사립문 밖에 앉아 무릎에 머리를 묻었다. 그녀는 자신이 생각한 대로 온달이 보통 인물이 아닐 것이라는 생각을 했다.

밤이슬이 마당에 내려앉았다. 밤이 이슥하도록 공주는 눈을 뜬 채 사립문 밖에 앉아 있었다.

밤을 하얗게 밝힌 공주는 다시 온달 집으로 들어가 앞뒤 사정을 차근차근 이야기했다. 그녀의 이야기를 다 듣고 난 온달은 머리가 어지러워졌다. 한 나라의 공주가 자신 같은 가난뱅이에게 시집을 온다니 아무리 생각해도 믿을 수가 없었다. 온달은 마음을 정하지 못하고 머뭇거렸다.

"아시다시피 우리 아들 온달은 어리석고 가진 것도 없는 천한 사람입니다. 귀한 사람의 배필이 되기에 부족하고, 우리 집은 누추하므로 귀한 사람이 살기에는 마땅하지가 않습니다."

온달의 어머니가 말했다.

"옛날 훌륭하신 어른들께서 하신 말씀이 있어요. 한 말의 곡식이라도 찧을 수 있으면 절구에 찧고 한 자의 베라도 꿰맬 수 있으면 바늘로 꿰매라고요. 진실로 한 마음 한 뜻이라면 귀천이 무슨 상관이겠어요."

온달과 그의 어머니는 공주의 결심이 워낙 굳다는 것을 깨달았다.

3부

삼국과 가야의 문학과 예술

맑은 물을 접시에 떠 놓고 맞절을 하는 것으로 혼례를 치른 그 날부터 공주는 온달의 아내가 되었다.

온달이 고구려 평원왕에게 사위로 인정받다

며칠 후, 힘없이 앉아 있는 온달을 물끄러미 바라보던 공주가 갑자기 자기가 입고 있는 옷의 소매를 걷어 올렸다. 그리고는 팔을 온달 앞으로 쑥 내밀었다. 그녀의 팔에는 궁궐에서 나올 때 그녀의 어머니가 몰래 챙겨 준 황금 팔찌들이 감겨 있었다.

"자, 이것들을 모두 평양성에 갖고 나가 팔아서 논밭과 소 돼지를 장만하도록 하셔요."

눈이 휘둥그레진 온달에게 공주가 말했다.

온달은 팔찌를 들고 평양성으로 들어갔다. 그것을 판 돈으로 온달은 집과 논밭을 샀다. 황소도 두 마리, 돼지 새끼도 여러 마리 사고 병아리도 수십 마리 샀다.

느릅나무 껍질로 주린 배를 채우고 지게에 땔나무를 지고 평양성 거리를 오가던 온달은 논을 갈아 벼를 심어 쌀을 거두고 밭을 갈아 기장과 조를 거두어 양식으로 하게 되었다.

온달과 공주는 밭에 나가 들일을 했다. 소로 밭을 가는 온달의 굵은 팔뚝을 물끄러미 바라보고 있던 공주는 새로운 결심을 했다.

"이제 우리 집도 하루 세 끼 먹고 지내는 건 아무런 걱정도 없습니다. 당신처럼 늠름한 사내대장부가 이런 시골에서 논밭이나 갈면서 썩어서야 되겠습니까?"

무예를 익히라는 공주의 말에 온달은 처음에는 고개를 가로저었으나 그녀의 거듭된 청에 무예를 익히겠다고 약속했다.

"활과 창을 사 오실 적에 말도 사 오십시오. 말을 살 때 장거리에 있는 아무 말이나 사시면 안 됩니다. 군대에서 부리던 말로서 병이 들어 버린 말을 사 오셔야 됩니다."

공주가 온달의 손을 꼭 쥐었다.

온달은 자세한 까닭은 알 수 없었으나, 평양성으로 들어가서 공주가 시키는 대로 군대에서 부리던 병든 말을 샀다.

공주는 병이 들어 비실비실하는 말을 아침저녁으로 정성을 다하여 보살폈다. 먹이도 잘 먹였다. 말의 병은 씻은 듯이 나았고 살도 통통하게 쪄서 튼튼해졌다.

온달은 말을 타고 무예를 익히고 군사 작전 방법에 관한 책을 사들여서 읽었다. 그는 단 하루도 쉬지 않고 산으로 들로 말을 달리며 무예를 닦기에 열중했다.

이 무렵 고구려에서는 해마다 3월 3일이 되면 온 나라의 군사들이 모여 낙랑의 언덕에서 사냥을 했다. 그리고 이 날 잡은 산돼지나 사슴으로 하느님에게 제사를 지내는 풍습이 있었다.

이 행사에는 평원왕을 비롯한 모든 대신들과 5부의 군사들이 참가하였는데, 백성들 중 무예가 뛰어난 사람도 참가할 수 있었다.

온달도 이 날 자기 마을의 대표로 뽑혀 이 행사에 참가했다. 그는 군사들 틈에 끼어 사냥을 나갔다. 그는 짐승을 쫓을 때에는 누구보다도 앞장서서 말채찍을 휘둘렀다. 그가 활을 쏠 때는 한 번도 빗나가지 않고 짐승의 머리나 가슴팍을 정확하게 꿰뚫었다. 그는 누구보다도 많은 짐승을 잡았다.

평원왕은 신하더러 온달을 불러오게 하였다.

"놀랍고 기이한 일이로다!"

평원왕은 온달의 손을 덥석 잡았다.

중국 북주의 무제가 군사를 크게 일으켜 고구려 요동 땅을 침입해 왔다. 고구려는 발칵 뒤집혔다. 평원왕은 몸소 군사를 이끌고 배산에 진을 치고 북주의 군사를 맞아 싸웠다. 온달도 이 전투에 참가하여 마치 성난 호랑이처럼 이리 뛰고 저리 뛰며 북주의 군사들을 쓰러뜨렸다.

공로를 논할 때 온달을 제일로 치지 않는 사람이 없었다.

"과연 내 사위로다!"

평원왕은 온달을 정식 사위로 삼고 대형의 벼슬을 내렸다. '대형'은 서열 7위에 해당하는 벼슬이었다. 이때부터 그는 점차 고구려 지배 세력 안에서 두각을 나타내기 시작하였다.

온달이 전쟁터에서 죽다

평원왕이 세상을 떠나자, 그의 맏아들인 영양왕이 왕위에 올랐다.

"신라는 한강 이북에 있는 우리 고구려 땅을 빼앗아 군·현으로 만들어 자기네 땅인 것처럼 다스리고 있사옵니다. 그러나 그곳에 살고 있는 백성들은 이를 원통하게 여겨 언제나 부모의 나라인 고구려를 잊지 못하고 있다 합니다. 상감마마, 저에게 군사를 내어 주시면 한 번 나아가 싸워 우리 땅을 다시 찾고 말겠습니다."

온달이 영양왕에게 나아가 아뢰었다.

"그리하도록 하라."

영양왕의 허락을 받은 온달은 군사들을 거느리고 신라로 쳐들어갔다.

"˙계립현과 죽령의 서쪽, 옛날의 우리 고구려 땅을 도로 찾기 전에는 나는 살아서 돌아오지 않겠소."

온달은 공주에게 이런 말을 남기고 평양성을 떠났다.

온달이 이끄는 고구려 군사들은 아단성에서 신라 군사들과 맞붙었다.

아단성 위에서 신라 군사들이 화살을 비 오듯 퍼부어댔다.

"빨리 성벽을 넘어라!"

온달은 말을 타고 맨 앞에 서서 군사들을 지휘하였다.

그때였다. 성 위에서 날아온 화살 하나가 온달의 가슴에 꽂혔다. 온달은 말 위에서 떨어졌다.

"분하다!"

온달의 고개가 뒤로 꺾어졌다.

• 계립현 : 지금의 경북 문경시

그런데 이상한 일이 일어났다. 장례를 치르려고 온달의 시체가 든 관을 군사들이 옮기려고 해도 옴짝달싹 하지 않는 것이었다. 여러 사람이 달려들어 움직이려 하였으나 땅에서 조금도 움직이지 않았다.

공주가 와 관 옆으로 다가갔다.

"죽고… 사는… 것이… 이미…… 정해졌으니…. 아아, 돌아갑시다."

공주가 관을 어루만지며 울먹였다.

비로소 관이 움직이기 시작했다. 주위의 군사들이 울음을 터뜨렸다.

이 소식을 전해들은 영양왕은 크게 슬퍼하였다. 그리고 백성들도 친어버이가 죽은 것처럼 땅을 치며 울었다.

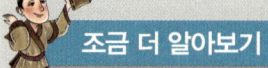

조금 더 알아보기 온달이 전사한 아단성은 어디일까?

「온달 설화」에서 논쟁을 불러일으키는 대목은 온달이 전사한 아단성의 위치가 어디냐 하는 문제이다. 아단성의 위치에 대해서는 지금의 서울시 성동구 광진구와 경기도 구리시 아천동에 걸쳐 있는 아차산에 있는 아차산성이라는 견해와 충북 단양군 영춘면 하리 성산에 있는 온달산성이라는 견해가 있다. 돌로 쌓은 성인 아차산성은 287미터의 아차산 산꼭대기에서 시작하여 동남쪽의 한강가 쪽으로 경사진 산허리의 윗부분을 둘러 쌓았는데 규모가 매우 컸다. 당시 신라와 고구려의 형세를 볼 때 온달이 이끄는 고구려의 군사들이 남한강의 상류 지역인 단양까지 진출한 것이 아니라 한강 유역 탈환에 나섰던 것으로 여겨지기 때문에 아단성을 아차산성으로 보는 견해가 설득력이 있다.

「온달 설화」는 구전되던 이야기가 기록된 작품이다.

구전되던 설화가 전기 형식으로 정착된 「온달 설화」

『삼국사기』 「열전」 '온달조'에 실려 있는 「온달 설화」는 온달이라는 역사상의 실존 인물에 대한 전傳 형식의 설화 문학 작품이다. 세상에 나아가 성공하여 높은 지위에 올라 유명하게 된 온달의 태도와 평강공주의 주체적인 삶의 자세를 주제로 하고 있다. 「온달 설화」는 서사 구조가 우부현녀 愚夫賢女, 즉 현명한 아내가 어리석은 남편을 성공에 이르게 하는 이야기로 짜여 있다.

고구려 평원왕의 딸 평강공주가 자라서 고구려의 귀족인 상부 고씨에게 출가하라는 평원왕의 명을 어릴 때의 농담을 들어 거역했다가 궁궐에서 쫓겨난 후 바보 온달을 찾아가 혼인을 한 후 온달이 무술을 연마하게 하여 영웅으로 성장시킨다는 서사 구조를 가진 「온달 설화」는 평강공주의 주체적인 여성상이 잘 드러나 있어 주목된다.

• 충북 단양에 있는 온달 산성

한층 더 깊이 읽기 「온달 설화」로 보는 고구려의 사회

고구려에는 매년 3월 3일 낙랑 언덕에서 임금과 신하 및 5부의 병사들이 사냥과 제의를 하는 행사가 있었는데 온달이 사냥 대회에서 뛰어난 기량을 발휘하여 평원왕을 놀라게 한다. 낙랑 언덕의 사냥 행사는 왕과 신하들, 그리고 5부의 병사들이 나섰다는 사실은 이 행사가 국가적인 행사였다는 것을 여실히 보여 주고 있다. 사냥 행사가 일종의 정기적인 군사 훈련이었던 셈이다. 또한 사냥 행사를 통해서 얻은 돼지와 사슴으로 제사를 지냈다는 사실도 눈여겨 볼 대목이다. 『삼국사기』 「제사지」에 낙랑 언덕에서 사냥과 제사를 지냈다는 기록이 있는 것으로 보아 제사 행사 또한 고구려에서는 중요한 국가적 행사임을 알 수 있다.

그 무렵 고구려 사회에는 커다란 변동이 일어나고 있었다. 철로 만든 농기구와 소로 논밭을 가는 방법이 널리 보급되면서 농업 생산력이 높아졌다. 그리고 상업과 수공업이 빠른 속도로 발전해 가고 있었다. 이러한 과정에서 몰락하는 사람들이 생겨나고, 상당한 땅과 재산을 소유한 사람들도 생겨나게 되었다.

평강공주와 온달이라는 역사적 인물은 민간에서 설화로 전해지다가 고려 시대 김부식에 의해 문자로 채록되어 『삼국사기』에 실렸다. 「온달 설화」는 대체로 사실적인 내용으로 이루어져 있다고 알려져 있다.

2. 백제의 설화 문학

「도미 설화」 – 남편의 믿음과 아내의 정절

도미는 백제 수도 한성 부근의 산골에서 살던 평민이었다. 그는 미천하였지만 자못 의리가 있었다. 그의 아내는 정조가 굳고 용모가 아름다워 사람들이 칭찬을 많이 했다.

"세상에 도미의 아내처럼 정조를 굳게 지키는 여자는 없을 거야."

도미의 아내에 대한 칭찬이 한성에까지 퍼져 나갔다. 마침내 그 소문은 개로왕의 귀에까지 들어갔다.

"무릇 여자의 덕이 비록 정절을 위주로 한다고 하나, 만약 어두침침하고 사람이 없는 곳에서 교묘한 말로 꾀면 제 아무리 정조가 굳다 해도 그 마음이 안 움직이지 않는 사람이 없을 것이다."

개로왕이 입가에 엷은 웃음을 흘렸다.

"글쎄요. 사람 나름이겠지요."

신하가 낮은 목소리로 대꾸했다.

"도미의 아내가 정조가 굳으면 얼마나 굳겠느냐? 도미를 궁궐로 들라고 해라."

개로왕이 명령했다.

콩밭에서 김을 매고 있던 도미는 영문도 모른 채 궁궐로 불려 왔다.

"네 아내가 정조가 굳다는 게 사실이냐?"

"사람의 마음을 가히 헤아리지 못할 것이오나, 저의 아내만은 비록 죽더라도 두 마음을 가지지 않을 것입니다."

개로왕은 도미의 아내의 정조를 시험해 보기로 했다.

"너는 내가 별도의 명령을 내릴 때까지 궁궐에서 기다리고 있거라."

개로왕이 도미에게 말했다.

개로왕은 자신이 신임하는 신하 한 사람을 불렀다.

"네가 내 옷을 입고 말을 타고 도미의 집으로 가거라. 가서는 임금처럼 행동을 하라. 그리고 도미의 아내의 정조를 뺏도록 해라."

개로왕이 신하의 귀에 대고 소곤거렸다.

임금의 옷으로 갈아입은 나온 신하는 군사들을 거느리고 도미의 집으로 말을 달렸다. 도미가 사는 마을로 들어가는 삼사미에 다다르자 그는 허우대가 장승만한 군사 한 사람을 불러 귓속말을 했다.

"상감마마께서 납십니다!"

도미의 집 마당으로 들어서자 그가 소리쳤다.

도미의 아내가 방에서 뛰쳐나왔다.

"상감마마께서 백성들이 어떻게 살고 있는지 살펴보러 나오셨다. 잠시 후 오실 것이니 집 안팎을 깨끗이 치워 놓고 기다리도록 해라."

그가 위엄을 부리며 말했다.

"알겠습니다."

도미의 아내가 기어들어가는 듯한 목소리로 대꾸했다.

가짜 개로왕이 마당으로 들어섰다.

"어서 드시옵소서."

도미의 아내는 마당에 넙죽 엎드렸다.

"네가 아름답다는 말을 듣고 좋아한 지 이미 오래다. 네 남편 도미를 궁궐로 불러 내기를 했는데 도미가 지면 너를 나에게 주기로 했다. 이제 내가 이겨 너를 얻게 되었다. 너는 내일부터 궁궐로 들어가 궁녀가 되어 나를 모셔야 한다. 이제부터 네 몸은 나의 것이다. 어서 나를 모셔라."

가짜 개로왕이 말했다.

남편이 임금과 내기를 하여 졌기 때문에 자신을 궁녀로 삼는다는 것이었다. 도미의 아내는 눈앞이 캄캄하였다.

"듣던 대로 정말 아름답구나."

가짜 개로왕이 그녀를 껴안으려 했다.

"상감마마께서는 거짓말을 아니 하시므로, 제가 어찌 감히 따르지 않겠습니까? 청컨대 대왕께서는 먼저 저 방으로 들어가소서. 다시 옷을 갈아입고 곧 들어가 모시겠습니다."

그녀가 안방을 가리켰다.

"네가 별 수 있느냐."

가짜 개로왕은 일어나 안방으로 들어갔다. 그는 안방에 드러누워 그녀의 아름다운 몸을 생각하며 빙긋이 웃었다.

가짜 개로왕을 안방에 들여보낸 그녀는 계집종을 불렀다.

"몸을 곱게 하고 내가 입던 옷을 입고 들어가서 마치 나인 것처럼 행동하며 임금님을 모시도록 해라."

그녀는 계집종의 어깨를 살며시 밀었다.

계집종과 잠자리를 같이 한 가짜 개로왕은 궁궐로 돌아가서 이 사실을 개로왕에게 보고했다.

도미부인이 정조를 지키려 왕을 속이고 도망치다

그런데 도미의 아내가 순순히 몸을 허락한 것에 의심을 품은 개로왕은 신하를 불러 뒷조사를 시켰다. 도미의 아내한테 속았다는 사실을 안 개로왕은 화가 나서 펄쩍펄쩍 뛰었다.

"한낱 계집이 임금을 속이려 하다니!"

개로왕은 도미에게 죄를 뒤집어 씌워 두 눈알을 빼게 했다.

두 눈이 뽑힌 도미는 배에 실려 강물 위에 버려졌다.

"도미의 아내도 당장 잡아와라!"

개로왕이 아직 분이 덜 풀린 듯 숨을 거칠게 몰아쉬었다.

도미의 아내는 군사들에 잡혀 개로왕에게로 끌려갔다.

"고개를 들라."

도미의 아내가 천천히 고개를 들었다.

"과연 듣던 대로 아름답게 생겼구나."

개로왕이 그녀를 강제로 껴안으려 하였다.

"상감마마, 저는 남편을 이미 잃고 혼자 몸이 되었으므로, 스스로 살지는 못하게 되었습니다. 하물며 상감마마를 모시게 되었는데 어찌 감히 명령을 어기겠습니까. 하오나 지금은 제가 월경을 하는 중이라 몸이 깨끗하지 못합니다. 청하옵건대 다른 날을 기다려 깨끗하게 목욕을 한 다음 모시러 오겠나이다."

도미의 아내는 거짓말을 하였다.

개로왕은 속아서 도미의 아내를 건드리지 않았다.

한층 더 깊이 읽기 「도미 설화」에서 읽는 윤리관

김부식이 편찬한 『삼국사기』 「열전」과 이병모 등이 편찬한 『오륜행실도』에 실려 있는 「도미 설화」는 도미의 아내의 정절을 칭송하고 지배층의 횡포를 폭로하고 있는 설화 문학 작품으로 『춘향전』에 영향을 주었다. 박종화의 단편소설 「아랑의 정조」와 최인호의 중편소설 「몽유도원도」는 「도미 설화」를 소재로 하였다.

「도미 설화」의 특별한 점은 정절열烈을 부정하는 것이 최고 통치자인 왕이라는 것이다. 이는 오히려 정절을 강조하기 위한 의도라고 할 수 있다. 즉 「도미 설화」에서 정절은 절대적인 권력을 가진 왕에게 저항을 하면서까지 지켜내야 하는 것이다.

도미의 아내는 감시가 소홀한 틈을 타 도망하여 강가에 이르렀다. 배가 없어 강을 건널 수 없었다.

"하느님이시여, 이 몸을 버리지 말아 주옵소서."
도미의 아내는 하늘을 우러러 통곡했다.
갑자기 강 저쪽에서 조각배가 한 척 나타나 물결을 따라 왔다. 도미의 아내는 조각배에 올랐다. 조각배는 물결에 흔들리며 하류 쪽으로 흘러내려 갔다. 얼마를 흘러내려 갔을까. 조각배가 천성도에 닿았다. 그곳에서 그녀는 도미를 만났다.

그들은 풀뿌리를 파서 먹었다. 텅 빈 뱃속을 채운 그들은 배를 타고 고구려의 산산으로 갔다. 고구려 사람들은 그들의 이야기를 듣고 불쌍히 여겨 옷과 밥을 주었다. 그들은 고구려 땅에서 일생을 마쳤다.

관탈민녀 설화 – 지배자의 횡포와 저항하는 인물의 대립

「도미 설화」는 백제 개로왕이 평범한 백성인 도미의 아내를 차지하려고 했으나 절개를 지키려는 그녀의 의지로 실패했다는 설화 문학 작품이다. 지배 권력을 가진 관리가 민간인 여자의 정절을 빼앗으려는 이야기를 관탈민녀官奪民女 설화라고 한다. 『삼국사기』 「열전」에는 개루왕으로 기록되어 있으나 대체로 학계에서는 이름이 근개루이기도 한 개로왕으로 본다.

개로왕은 왕위에 오르자, 왕궁을 크게 짓는 등 토목공사를 대대적으로 일으켰다. 왕의 권위를 높이려는 시도였다. 그 당시 백제의 귀족들로부터 배척을 당한 개로왕은 무리한 왕궁 건축 등으로 백성들로부터 원망을 듣고 있었다. 475년 초겨울, 고구려 장수왕은 3만 명의 군사를 이끌고 백제를 침공하여 백제의 수도 한성을 공격하였다. 개로왕은 성이 함락되기 직전에 성문을 빠져나와 달아나다가 고구려 군사에게 붙잡혀 아단성으로 끌려가, 참살당하고 말았다. 백제는 한강 유역 일대를 송두리째 고구려에 빼앗기고, 수도를 웅진으로 옮겼다.

개로왕은 권력을 이용하여 잔인한 방법으로 백성의 아내의 정절을 파괴하려 했던 지배자로 묘사되어 있다. 반면에 주동인물인 도미의 아내는 비도덕적이고 인간의 존엄성을 파괴하는 지배층에 저항하는 인물로 묘사되어 있다.

• 아단성 : 지금의 아차산성

- 경주 서출지
  「사금갑 설화」의 배경이 되는 연못이다.

3부

삼국과 가야의 문학과 예술

3. 신라의 설화 문학

「사금갑 설화」 – 정월 대보름 풍속을 보여 주는 이야기

488년, 소지마립간이 천천정이란 곳으로 거둥하고 있었다. 까마귀 한 마리와 쥐 한 마리가 소지마립간 앞에 나타나서 울었다.

"이 까마귀가 가는 곳을 찾아가 보십시오."

쥐가 말했다.

소지마립간이 이상히 여겨 말을 탄 무사에게 명하여 까마귀의 뒤를 쫓게 하였다. 그 무사가 남산의 동쪽 기슭의 피촌에 이르렀다. 길가에서 돼지 2마리가 서로 싸우고 있는 것을 보았다. 잠깐 동안 가던 길을 멈추고 싸우고 있는 돼지를 보다가 앞을 바라보았다. 까마귀가 사라지고 없었다. 그는 당황하여 길가를 배회했다. 그때 한 늙은이가 길가에 있는 연못 속에서 나와 한 장의 편지를 바쳤다. 그 편지 겉면에 '열어 보면 두 사람이 죽을 것이고, 열어 보지 않으면 한 사람만 죽을 것이다.'라고 쓰여 있었다.

무사가 돌아와 그 편지를 소지마립간에게 바쳤다.

"열어 보지 않으면 한 사람만 죽는다 했으니, 열어 보아 어찌 두 사람이 죽게 하겠느냐?"

소지마립간이 말했다.

"그 두 사람은 왕이 아닌 사람을 말하는 것이고, 그 한 사람은 상감마마를 가리키는 것이오니, 그 편지를 열어 보아야 합니다."

인간의 운수의 좋음과 나쁨을 점치던 관원인 일관日官이 아뢰었다.

소지 마립간이 그 편지를 열어 보았다. "거문고갑을 활로 쏴라."라고 쓰여 있었다.

이상히 여긴 소지마립간이 궁궐로 돌아가 거문고갑을 활로 쏘았다. 거문고갑을 열어 보니, 거문고갑 속에 중이 화살을 맞아 죽어 가고 있었다. 그 중은 궁궐의 내전에서 왕후와 간통을 저지르고 거문고갑 속에 숨어 있었던 것이다. 마침내 소지마립간은 두 사람을 죽였다. 그 날이 정월 보름날이었다.

그 후 신라의 풍습에 해마다 정월 보름날을 까마귀 제삿날 오기일烏忌日로 정하여 찰밥으로 제사를 지냈는데 지금까지 이를 행한다. 노인이 편지를 가지고 나온 그 연못을 서출지書出池라고 부른다.

신라 정월 대보름 풍속의 유래

'거문고갑을 쏴라'는 뜻을 가진 「사금갑射琴匣 설화」는 『삼국유사』 「기이」 '사금갑조'에 실려 있다. 신라 제21대 왕인 소지마립간은 일명 조지왕·비

3부

삼국과 가야의 문학과 예술

243

처왕이라고 하며, 자비마립간의 맏아들이다. 소지마립간이 못 속에서 나온 노인의 편지를 열어 보고 죽을 위기를 벗어났다는 서사 구조를 갖고 있는 「사금갑 설화」는 신라 시대 때 정월 대보름에 행하는 풍속의 유래가 담겨 있다.

「보개」 – 부처의 영험함을 보여 주는 이야기

보개는 우금방에 사는 여자였다. 그녀의 아들은 이름이 장춘이라고 하였는데, 장사하러 배를 타고 바다에 나간 지 한 해가 다 가도록 소식이 없었다.

보개는 민장사의 관음보살 앞에 나아가 7일 동안 기도를 드렸다. 어느 날 보개가 기도를 하고 있는데, 아들 장춘이 와서 그녀의 손을 잡는 것이었다. 보개는 기뻐서 소리 내어 울었다.

이를 본 사찰 안의 사람들이 까닭을 물었다.

"바다 가운데에서 흑풍을 만나 배는 부서지고 함께 가던 사람들은 모두 바닷물에 빠져 죽었습니다. 저는 간신히 널판자 한쪽을 붙잡아 타고 파도를 따라 흘러가다가 오吳나라 땅에 닿았습니다. 그랬더니 오나라 사람들이 저를 붙잡아 노예로 삼고 밭을 갈게 하였습니다.

어느 날이었습니다. 어떤 스님이 오시더니, '너의 나라를 기억하는가?'

- 전지田地 : 논밭
- 신시 : 오후 4시
- 술시 : 오후 10시

하시는 것이었습니다. 저는 무릎을 꿇고, '저에게는 늙은 어머니가 계셔 매우 그립습니다.' 하고 대답했습니다. 스님은 '만약 너의 어머니가 그리우면 나를 따라 가자'고 하였습니다. 이 말이 떨어지자마자 저는 스님을 따라 갔습니다. 저는 그 스님을 따라 가다가 한 깊은 개울에 이르게 되었습니다. 스님은 저의 손을 잡아 일으켰습니다. 어두컴컴하기가 꼭 꿈 속 같았는데 갑자기 신라 말이 들려오고 또 울음소리가 들려왔습니다. 그래서 찬찬히 살펴보니 저는 아직도 꿈 속에 있는 것 같았고 사실이 아닌 것만 같았습니다."

장춘이 말을 마쳤다.

승려들이 이 일을 나라에 보고하였다. 나라에서는 그 영험함을 존숭하여 보살이 계신 곳에 재물과 전지를 바쳤다. 보개의 아들 장춘은 745년 을유乙酉 4월 신시에 오나라를 떠나 술시에 민장사에 도착했던 것이다.

관음보살의 영험이 많음을 나타낸 불교 영험담

바다를 건너 장사를 하러 떠났던 아들이 오랫동안 소식이 없자 보개라는 여인이 민장사의 관음보살에게 빌었더니, 바로 아들이 나타났다는 줄거리를 가지고 있는 「보개」는 관음보살의 영험이 많음을 나타낸 불교 영험담이다.

「보개」는 신라 시대에 해상 무역에 종사하는 사람들이 겪은 바다에서의 시련과 당나라에 표류한 경험담을 그려 보이고 있어 주목된다.

「지귀 설화」 – 선덕여왕의 인자함을 보여 주는 이야기

선덕여왕은 이따금 궁궐 밖을 나와 절에 기도를 드리러 가기도 했다. 그녀가 절에 기도를 드리러 가는 날이 되면 그녀를 보려는 사람들로 길거리가 가득차곤 했다.

선덕여왕이 빼어나게 아름답다는 말을 들은 지귀는 꿈에서라도 그녀를 한 번 만나 보는 게 소원이었다. 그는 보따리를 싸들고 서라벌로 올라왔다. 선덕여왕이 영묘사로 불공을 드리러 간다는 이야기를 듣고 영묘사로 갔다. 풍악 소리가 바람에 실려 왔다. 멀리 붉고 희고 누르고 푸른 다섯 가지 빛깔의 깃발이 하늘에서 나부꼈다. 선덕여왕의 행렬이 가까이 왔다.

"상감마마는 하늘에서 내려오신 분임에 틀림없어요. 아름답고… 어지시고…."

지귀는 너무나 가슴이 벅차 말을 잇지 못했다.

집으로 돌아온 지귀는 선덕여왕의 아름다운 모습을 잊지 못해 몸이 바싹바싹 말라 갔다. 그녀가 있는 궁궐을 바라보면서 눈물을 뚝뚝 흘렸다. 그는 앉으나 서나 밤이나 낮이나 선덕여왕을 생각했다. 잘 먹지도 못하고 잠도 잘 이루지 못해 몸은 더욱 더 야위어갔다. 마침내 그가 죽기에 이르렀다.

선덕여왕이 절에 기도를 드리러 간다는 소문은 들었다. 지귀는 절로 달려갔다.

"상감마마, 젊은이가 상감마마를 뵙고자 하옵니다만……."
"무슨 일이 있는가?"
"젊은이가 약간 실성해 보여서…."

신하가 수건을 꺼내 이마에 흐른 땀을 훔쳐냈다.

"무슨 사연이 있는 사람인 것 같구나. 내가 불공을 드리고 나서 만나 볼테니 절 앞에서 기다리고 있으라고 해라."

선덕여왕이 말을 끝내고 대웅전으로 들어갔다.

지귀는 절 밖에서 선덕여왕이 나오기를 기다리고 있었다. 목탁 소리,

쇠북 소리, 염불 소리, 풍경 소리가 은은하게 번져나갔다. 선덕여왕은 좀처럼 나타나지 않았다.

지귀는 잠이 들었다. 선덕여왕이 부처님께 기도를 드리고 나오다가 잠든 지귀를 보았다.

"잠에서 깨어난 뒤 우리가 떠나간 것을 알면 얼마나 섭섭할까…?"

선덕여왕은 지귀에게 다가가서 자신의 팔찌를 빼내어 그의 가슴 위에 올려놓았다.

지귀가 잠을 깨어 보니 가슴 위에 황금 팔찌가 하나 놓여 있었다. 그제야 그는 선덕여왕이 돌아간 것을 깨달았다.

"아아, 언제 다시 상감마마를 뵈오리까!"

지귀가 가슴을 치며 울음을 터뜨렸다. 그때 그의 가슴 속에서 뜨거운 불꽃이 피어올랐다. 뜨거운 불꽃은 그의 가슴을 태우고 머리를 태우고 팔다리를 태웠다. 마침내 그의 파리한 몸을 다 태운 붉은 불꽃은 불귀신으로 변해 버렸다.

선덕 여왕의 인자함과 넉넉한 품성을 느낄 수 있는 「지귀 설화」

「지귀 설화」는 「심화요탑心火繞塔」이라는 제목으로 한국 최초의 설화집인 박인량의 『수이전』에 실렸다가 권문해의 『대동운부군옥』에 전문이 실린 신라 시대의 설화 문학 작품이다. '심화요탑'은 '마음의 불을 태운다'는 의미이다. 시간의 흐름에 따라 사건이 전개되는 평면적 구성으로 짜여 있는 「지귀 설화」는 여왕과 평민, 여자와 남자, 불과 물 등의 대립 관계가 나타나 있다. 「지귀 설화」의 줄거리를 살펴보면 다음과 같다.

• 석남꽃
5월에 흰색 또는 담홍색 꽃이 핀다.

지귀가 선덕여왕을 사모하다가 미친다. 선덕여왕이 불공을 드리러 가는 행차에 지귀를 따르도록 한다. 선덕여왕이 절에서 불공을 드리고 있는 동안 지귀는 잠들고 만다. 불공을 마치고 나오던 선덕여왕은 금팔찌를 뽑아서 지귀의 가슴 위에 올려놓고 간다. 잠에서 깬 지귀는 가슴이 새빨갛게 타들어가 화신으로 변한다. 불귀신이 된 지귀가 온 세상을 어지럽힌다. 선덕여왕이 "지귀는 마음에 불이 나 몸을 태우고 화신이 되었네. 멀리 바다 밖에 내쫓아 가까이하지 말지어다."라는 내용의 주문을 지어 백성들에게 전해 준다.

• 주문呪文 : 주술을 부리거나 귀신을 쫓을 때 외는 글귀

낮은 신분의 평민까지도 배려하는 선덕여왕의 인자함과 넉넉한 품성을 느낄 수 있는 「지귀 설화」는 불교 설화인 「술파가 설화」가 신라에서 「지귀 설화」로 재구성된 것이다.

「수삽석남 설화」 – 머리에 꽂은 석남꽃

신라의 최항崔伉은 자字를 석남石南이라 하였다. 애첩이 있었으나 부모가 서로 만나는 것을 금지시켰기 때문에 만나볼 수 없었다. 그러다가 여러 달 만에 최항이 갑자기 죽고 말았다. 여드레가 지났다. 한밤중에 최항은 애첩의 집으로 갔다. 그의 죽음을 모르고 있던 애첩은 몹시 기뻐하며 그를 맞아들였다. 최항은 머리에 석남 가지를 꽂고 있었다.

"부모님께서 당신과 같이 사는 것을 허락해서 왔소."

최항이 석남 가지를 나누어 애첩에게 꽂아 주며 말했다.

"아이, 좋아라."

애첩은 최항의 품에 안기며 기쁨의 눈물을 흘렸다.

드디어 최항은 애첩과 함께 그의 집으로 돌아왔다. 그는 담을 뛰어넘어 안으로 들어갔다. 동이 번히 터오는데도 집 안으로 들어간 최항으로부터 아무런 소식이 없었다. 마침 마당을 쓸러 나왔던 집안사람이 애첩을 보았다.

"여길 어떻게 왔는고?"

집안사람이 물었다.

"그게……. 그게……."

시애 설화는 죽은 사람과 사랑을 나누었다는 내용이다.

애첩은 지난밤의 이야기를 자세히 말했다.

"죽은 지가 여드레나 되어 오늘 장례를 치르려고 하는데 무슨 그런 이상한 말을 하시오?"

집안사람이 의아한 얼굴로 말했다.

"낭군께서 저에게 석남 가지를 나누어 꽂아 주셨으니 이게 바로 그 증거입니다."

애첩이 석남 가지를 앞으로 내밀었다.

"허어, 이상한 일이로구나. 관을 한번 열어 보자."

집안사람이 관을 열어 보았다. 시체의 머리에는 석남 가지가 꽂혀 있고, 이슬로 온몸이 흠뻑 젖어 있었으며 발에는 신을 신고 있었다. 애첩은 그제야 최항이 죽은 줄 알고 방바닥에 털썩 주저앉으며 울음을 터뜨렸다.

"아니, 이게 어찌 된 울음소리요?"

최항이 관 속에서 벌떡 일어났다.

최항과 애첩은 20년을 해로하다가 죽었다.

 **조금 더 알아보기** 『수이전』은 정말 박인량이 지었을까?

고려 시대의 유명한 시인이기도 했던 박인량은 『수이전殊異傳』의 편찬자로 알려져 왔다. 사실 『수이전』의 편찬자가 정확하게 박인량이라고 말할 수 있는 근거는 미약하다. 편찬자가 박인량이라고 밝혀준, 최고 오래된 기록은 각훈이 지은 『해동고승전』「아도전」이다. 한편 『수이전』의 편찬자가 김척명이란 기록도 있다. 『수이전』은 신라 시대를 배경으로 한 한문 설화집인데, 박인량과 관련이 깊은 책임에는 틀림없는 것 같다. 원래 『수이전』에 있었으나 『해동고승전』을 비롯한 여러 책에 14편 정도 전해지고 있어, 그 내용을 가늠해볼 수 있을 뿐이다.

죽은 사람과 사랑을 나누었다는 시애 설화

『수이전』에 등장하는 주인공의 성격은 정해져 있지 않고 다양한 것이 특징이다. 작품들이 여기저기 흩어져 부스러기만 남아 있어 전체 작품의 분량이 어떠했는지는 알 수 없다. 그러나 『수이전』은 『삼국사기』와 대립되는 위치에 있는 중요한 설화문학 작품집이자, 전기문학 작품집이라고 할 수 있다. 『수이전』의 작품들은 일상적이고 합리적인 사고의 틀을 깨고 미처 사람들이 상상할 수 없었던 경험을 이야기하고 있다는데 그 특징이 있다.

'머리에 꽂은 석남'으로 풀이되는 「수삽석남首揷石枏 설화」는 다분히 전기적인 이야기로 최항이라는 사람이 죽은 후에 사랑하는 여자에게 나타나 사랑을 나누었다는 시애 설화屍愛說話이다. 「수삽석남 설화」는 신라 시대 진지왕의 혼이 사량부의 미녀 도화녀를 찾아가 비형랑을 잉태하게 했다는 「도화녀 비형랑 설화」와 비슷하다.

- 전기문학傳奇文學 : 비현실적이고 기이한 소재를 써 흥미 위주로 쓴 문학
- 전기적傳奇的 : 기이하여 세상에 전할 만하다

4. 가야의 설화 문학

「어산불영 설화」 – 어산의 부처 그림자

옛 기록에 이렇게 말했다.

"만어산은 옛날의 자성산, 혹은 아야사산이라고도 한다. 그 이웃에 가락국이 있었다. 옛날에 하늘에서 알이 바닷가로 내려와 사람이 되어 나라를 다스렸으니, 곧 수로왕이다. 그때 그 나라 안에 옥지玉池가 있었는데, 그 못 안에 악독한 용이 살고 있었다. 그리고 만어산에는 다섯 나찰녀羅刹女가 있어 서로 오가며 사귀었다. 그러므로 때때로 번개와 비를 내려 4년 동안 오곡이 익지 못했다. 수로왕이 주술로 금하려 해도 되지 않았다. 머리를 숙이고 부처에게 설법을 청했다. 그제야 나찰녀가 다섯 가지 계율을 받아, 그 후로는 피해가 없었다. 그 때문에 동해의 고기와 용이 마침내 골짜기 속에 가득 찬 돌이 되어 각기 쇠북과 경쇠의 소리를 냈다."

불교 우위의 사상을 입증하고자 한 「어산불영 설화」

'어산의 부처 그림자 설화'라는 뜻을 가진 「어산불영漁山佛影 설화」는 『삼국유사』「탑상」'어산불영조'에 실려 있다. 가락국금관가야의 수로왕이 고민하던 일을 부처가 해결해 준다는 서사 구조를 갖고 있는 「어산불영 설화」는 한 나라의 임금도 부처보다 못하다는 것을 묘사해 불교 우위의 사상을 입증하고자 했다.

 〈술술 훑어보기〉 삼국과 가야의 설화 문학

구분	작품
고구려	「온달 설화」
백제	「도미 설화」
신라	「사금갑 설화」,「보개」,「지귀 설화」,「수삽석남 설화」
가야	「수로왕 설화」,「어산불영 설화」

 **삼국과 가야의 문학 한눈에 요약하기**

	삼국과 가야의 시 문학	
고구려	「황조가」 • 슬픔에 잠긴 유리왕의 노래 • 최초의 서정시 「여수장우중문시」 • 수나라 장군 우중문에게 보내는 시 • 한시 중 가장 오래된 작품	
백 제	「정읍사」 • 남편을 기다리는 아내의 노래 • 한글로 기록되어 전하는 가장 오래된 가요	
신 라	「태평송」 • 당나라 고종에게 바친 오언고시 「서동요」 • 서동과 선화공주 • 민요가 4구체 향가로 정착 「도솔가」 • 가사는 전해지지 않음 「혜성가」 • 왜군을 물리치고자 지은 노래 • 주술적인 노래, 뛰어난 서정성 「풍요」 • 장륙상을 만들 흙을 나르며 부른 노동요 • 신라인들의 서러운 염원	
가 야	「구지가」 • 새로운 왕의 출현을 기원하는 집단가요	

삼국과 가야의 설화 문학	
고구려	「온달 설화」 • 바보 온달과 평강공주 • 우부현녀 설화 • 구전되던 설화가 전기 형식으로 정착
백 제	「도미 설화」 • 남편의 믿음과 아내의 정절 • 관탈민녀 설화 • 지배자의 횡포와 저항하는 인물의 대립
신 라	「사금갑 설화」 • 정월 대보름 풍속 「보개」 • 부처의 영험함 「지귀 설화」 • 선덕여왕의 인자함 「수삽석남 설화」 • 머리에 꽂은 석남꽃 • 죽은 사람과 사랑을 나누었다는 시애 설화
가 야	「어산불영 설화」 • 어산의 부처 그림자 • 불교 우위의 사상을 입증하고자 함 　(한 나라의 임금도 부처보다 못하다)

3장 삼국과 가야의 고분과 벽화

- 고구려 수산리 고분벽화
  일본의 다카마쓰 고분벽화와 비슷하다.

1. 고구려의 고분과 벽화
2. 백제의 고분과 벽화
3. 신라의 고분과 벽화
4. 가야의 고분과 벽화

• **고구려의 왕과 왕비**
황해도 안악군에 있는 고구려 유적 안악3호분에 그려진 왕과 왕비의 모습이다.

1. 고구려의 고분과 벽화

고구려의 무덤은 초기에는 주로 •돌무지무덤이 만들어졌고, 점차 •굴식 돌방무덤이 주류를 이루었다. 돌무지무덤은 시체를 넣은 돌널 위를 봉토를 덮지 않고 돌만으로 쌓아 올려 조성한 무덤 형태로 중국 길림성 집안시 일대에 집중 분포되어 있다. 굴식 돌방무덤은 봉토석실분이라고도 한다. 돌로 1개 이상의 돌방을 만들어 시신을 모시고 천장돌을 얹은 다음 그 위에 흙을 덮어 봉분을 만든 것으로 평남 강서군에 있는 강서 고분들을 비롯하여 평양성 일대 고분들이 잘 알려져 있다.

고구려 미술 활동은 주로 고분을 통해서 알 수 있다. 지금까지 알려진 고구려 벽화무덤들은 50여 기에 달한다. 이 무덤들은 대체로 돌로 쌓고 벽면에 곱게 회를 바른 다음 벽화를 그린 것인데 부분적으로는 화강석 혹은 대리석으로 벽을 만들고 돌로 된 벽면에 직접 벽화를 그린 것들도 있

- 돌무지무덤 : 적석총積石塚
- 굴식 돌방무덤 : 횡혈식석실묘橫穴式石室墓. 봉토석실분封土石室墳이라고도 한다

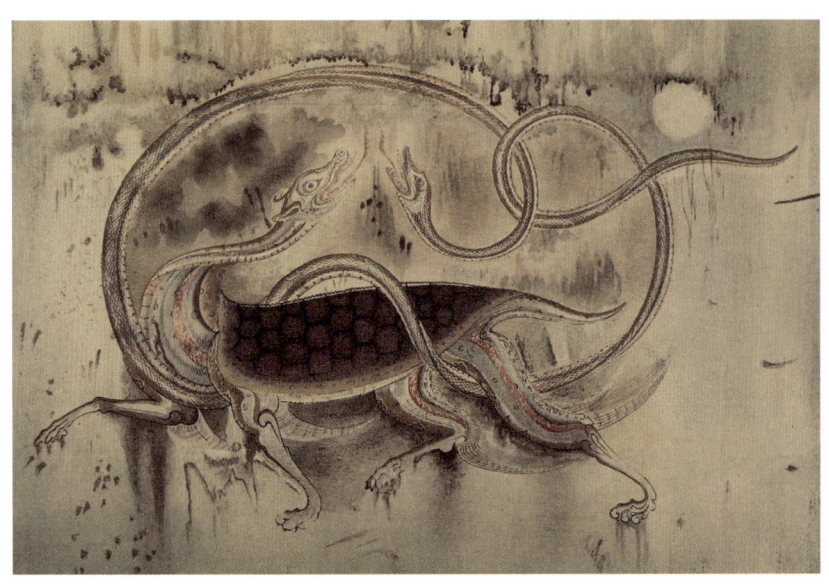

• 사신도의 현무
『조선고적도보』에 실린 강서대묘의 사신도이다.

다. 당시 고구려 사람들의 생활 모습과 정신세계 등을 알 수 있는 무덤 벽화에는 도교의 영향으로 나타난 사신도四神圖 외에, 생활 풍속이나 가옥을 그린 것도 있고 사냥이나 행렬의 모습을 그린 것도 있다. 이러한 벽화들 가운데는 서역西域 계통의 영향을 받은 것도 있다.

대표적인 벽화고분에는 강서대묘와 안악 제3호 고분이 있다. 굴식 돌방무덤인 강서대묘江西大墓의 석실에 그려진 사신도는 각기 동, 서, 남, 북의 방위를 지키는 신인 청룡, 백호, 주작, 현무를 그린 그림으로 고구려의 벽화 가운데에서 매우 우수한 그림이다. 동물이 운동할 때의 율동을 표현하기 위하여 선들의 변화를 주었으며 흑, 백, 청, 주홍, 갈색 등의 색깔이 조화를 이루고 있을 뿐 아니라, 동물의 힘세고 날랜 동작을 정열적이고 패기가 넘쳐흐르게 그리고 있다.

굴식 돌방무덤인 안악 제3호 고분은 지금까지 알려진 벽화무덤 가운데서 가장 규모가 크고 또 비교적 잘 보존되어 있다. 중국 연나라에서 336년 고구려로 망명해 온 동수의 실내 생활을 그려 놓은 이 벽화는 고구려 사람들의 생활 풍속의 이모저모를 잘 묘사하고 있다. 그밖에 고구려 무덤으로 장군총·무용총·쌍영총 등이 알려져 있다. 장군총은 계단식으로 7층으로 쌓아 올린 돌무지무덤이고, 무용총은 중국 길림성 집안시에 위치한 굴식 돌방무덤으로 무용도와 수렵도 및 행렬의 모습이 돌방의 벽화에 남아 있다. 그리고 쌍영총은 평안남도 용강군에 위치하고 있는 굴식 돌방무덤으로 서역 계통의 영향을 받았다. 벽화로 갑옷을 입은 개마무사, 기마무사, 수레, 북을 치는 사람, 창을 쥐고 춤추는 인물, 구름무늬, 장사상, 청룡, 백호, 당초문, 봉황, 연화문, 반룡 등 인물 풍속도 및 사신도가 그려져 있어 당시 고구려 사람들의 생활 풍속과 정신세계를 보여 준다.

• 쌍영총 벽화

2. 백제의 고분과 벽화

고구려에서 남하한 유이민인 온조 집단이 세운 백제는 처음에 한강 하류인 현재의 서울시 송파구 일대에 도성을 정했다. 고구려의 침공으로 수도인 한성이 함락된 뒤 문주왕 때 금강 유역의 공주로 수도를 옮겼다가, 성왕 때 부여로 수도를 옮겼다. 따라서 백제 고분의 변천과 분포 지역은 수도를 옮긴 시기별로 한성 시기, 웅진 시기, 사비 시기로 나누어 살펴 볼 수 있다.

한성 시기는 한강 유역을 중심으로 고구려 초기 고분의 영향을 많이 받은 돌무지무덤들이 분포한다. 대표적인 돌무지무덤은 서울 석촌동 고분과 가락동 고분을 들 수 있다. 이러한 돌무지무덤은 백제가 남하한 고구려 유이민에 의해 건설되었다는 사실을 말해 준다.

수도를 금강 유역의 웅진으로 옮긴 웅진 시기에는 굴식 돌방무덤과 벽돌무덤이 보급되었다. 공주 송산리 고분군은 굴식 돌방무덤으로 규모는

크지만 소박하고 고졸한 맛이 남아 있다. 그리고 무령왕릉은 벽돌무덤으로 지석이 발견되어 무덤의 주인이 무령왕이라는 것을 알 수 있었다.

사비 시기는 굴식 돌방무덤이 유행했다. 굴식 돌방무덤인 부여 능산리 고분군은 현재 총 8기의 고분이 남아 있다. 능산리 고분군의 동하총은 벽화고분이다. 관이 들어 있는 네모형의 방인 널방, 즉 현실玄室의 벽면과 천장에 주·황·청·흑색의 안료를 사용해 그림을 그렸다. 동벽에 청룡, 서벽에 백호, 북벽에 현무, 남벽에 주작을 각각 그린 사신도가 있고, 천장에는 연꽃 모양의 무늬와 흐르는 구름무늬가 배치되어 있다.

• **무령왕릉 모형전시관**
중국 남조의 영향을 받은 벽돌무덤이다. 벽돌을 책처럼 꽂아 만든 것이 특징이다.

3. 신라의 고분과 벽화

신라의 무덤은 시기별로 무덤 양식과 분포 지역이 달라졌다. 3세기 후반~4세기 전반에는 경주와 인근 지역을 중심으로 덧널무덤이 만들어졌고, 4세기 후반~6세기 전반에 경주에서는 돌무지덧널무덤, 낙동강 동쪽의 경상남북도 지방에서는 구덩식 돌덧널무덤과 앞트기식 돌덧널무덤이 만들어졌다. 6세기 전반기에는 돌방흙무덤이 유행했다. 경주와 인근 지역에 분포하는 신라의 무덤은 고구려·백제와는 달리 널방이 없는 돌무지덧널무덤이므로, 벽화가 그려질 수 없었다.

현재까지 전하는 신라의 무덤벽화로는 순흥 벽화고분과 순흥 어숙묘가

- 덧널무덤 : 목곽묘木槨墓
- 돌무지덧널무덤 : 적석목곽분積石木槨墳
- 구덩식 돌덧널무덤 : 수혈식석곽분竪穴式石槨墳
- 앞트기식 돌덧널무덤 : 횡구식석곽분橫口式石槨墳
- 돌방흙무덤 : 석실봉토분石室封土墳

• 영주 순흥 고분
현재까지 전하는 신라의 벽화고분으로, 내부가 굴식 돌방무덤으로 되어 있다.

있다. 경북 영주시 순흥읍 읍내리에 위치한 순흥 벽화고분의 내부는 굴식 돌방무덤이다. 현실의 네 벽, 연도 좌우벽, 시상대의 측면 등에 있었던 벽화에는 물고기 모양 깃발을 든 사람, 뱀을 쥔 역사, 새, 연꽃, 집, 구름 등이 그려져 있었다. 경북 영주시 순흥읍 태장리에 위치한 순흥어숙묘는 굴식 돌방무덤이다. 묘지에 '을묘년어숙지술간乙卯年於宿知述干'이라는 명문이 새겨져 있고, 인물과 연꽃을 그린 벽화가 발견되었다.

• 묘지墓誌 : 지석誌石. 죽은 사람의 이름, 신분 등을 기록한 글.
  판이나 돌에 새겨 무덤에 묻거나 관에 직접 새김

솔거의 황룡사 「노송도」 – 새가 날아드는 그림

솔거는 두메산골의 농사꾼의 집안에서 태어났다. 솔거의 집안은 몹시 가난했다. 기장·수수·조 같은 잡곡을 돌밭에 심어 겨우 입에 풀칠을 하며 살아가고 있었다. 어려운 집안 형편으로 그는 교육도 제대로 받지 못하고 자랐다.

솔거는 자라면서 그림을 그리는 데 재미를 붙였다. 지게를 지고 나무하러 뒷동산에 올라가서도 나무를 하지 않고 칡뿌리를 캐어, 늙은 소나무 밑의 바위 위에 그림을 그렸다. 바위 위에 칡뿌리로 그리는 그림이지만 그는 늙은 소나무를 열심히 그렸다. 날이 어두워지려 하였다. 그제야 솔거는 지게를 지고 산을 내려가기 시작했다.

솔거는 밭에 나가서도 어떻게 하면 그림을 잘 그릴 수 있을까를 생각했다. 콩밭을 호미로 매다 말고, 그는 밭이랑에 호미로 그림을 그리곤 했다.

'집을 떠날까…? 금성으로 가서 나의 꿈을 이뤄 볼까……?'

솔거는 밭이랑에 앉아 멀리 금성 쪽 하늘을 바라보았다.

'아, 누군가가 나에게 그림을 가르쳐 준다면 구태여 금성으로 갈 필요는 없을 텐데….'

솔거는 다시 호미를 잡았다.

그 무렵 솔거는 고개 너머 오막살이에 그림을 잘 그리는 노인이 얼마 전에 새로 이사를 왔다는 소문을 들었다.

"저는 그림을 그리고자 하오나 가르쳐 줄 스승님이 없어 몹시 어려움을 겪고 있습니다. 간곡히 바라옵건대 저에게 그림을 가르쳐 주시옵소서."

솔거는 그에게 엎드려 절을 하였다.

"난 이미 네가 그림을 열심히 그린다는 이야기를 들었다. 내 비록 재주가 없으나 힘이 닿는 대로 너에게 그림을 가르쳐 주겠다."

"고맙습니다."

솔거는 틈만 나면 노인에게로 달려와 그림을 그렸다. 그의 그림 솜씨는 날로 늘어갔다. 인근에서 그가 그림을 잘 그린다는 소문이 퍼졌다. 마침내 그 소문은 금성에까지 퍼졌다.

이 무렵 황룡사가 완공되었다. 그리고 황룡사의 벽에 그림을 그릴 사람을 찾았다. 조정에서 솔거가 그림을 잘 그린다는 소문을 들었다. 그에게 황룡사의 벽의 한 부분에다 그림을 그리도록 했다.

마침내 솔거가 황룡사의 벽에 그림을 그리는 날이 다가왔다.

'무엇을 그릴까?' 솔거는 눈을 감고 한참 동안 생각에 잠겼다. 어린 시절 뒷동산에 올라가 늙은 소나무 아래 바위 위에 그렸던 늙은 소나무 그림이 생각났다.

 솔거의 작품은 남아 있을까?

태어난 해와 죽은 해가 기록에 남아 있지 않은 솔거는 황룡사의 「노송도」 뿐만 아니라 경주 분황사의 관음보살상과 진주 단속사의 유마상 같은 그림을 그렸다. 그러나 안타깝게도 지금은 솔거의 그림이 단 한 점도 남아 있지 않다.

'그렇다. 늙은 소나무를 그리자.' 솔거는 늙은 소나무를 그리기로 마음 먹고 붓을 들었다. 그는 마치 신들린 사람처럼 늙은 소나무를 그려 갔다. 그림이 차츰차츰 모습을 드러내자 사람들이 하나 둘 모여들었다.

"정말 진짜 늙은 소나무 같군."

"대단한 솜씨로구나."

사람들은 칭찬하는 말을 늘어놓았다.

솔거는 긴장을 풀지 않고 늙은 소나무를 그려갔다. 줄기에 껍질이 주름지고 가지와 잎이 꾸불꾸불 서리어 있는 늙은 소나무가 거의 제 모습을 드러냈다.

마침내 늙은 소나무 그림이 완성되었다. 솔거는 조용히 붓을 내려놓고 몇 발짝 뒤로 물러서서 그림을 바라보았다. 고향의 뒷동산 바위 위에 있는 소나무와 모습이 똑같았다.

"저 새들 좀 봐. 새들이 벽화에 앉으려고 해!"

누군가가 소리쳤다.

새들이 날갯짓을 하며 늙은 소나무로 몰려들었다. 새들은 소나무 가지에 앉으려고 어정거리다 벽에 부딪쳐 떨어졌다.

3부

삼국과 가야의 문학과 예술

4. 가야의 고분과 벽화

가야는 562년 대가야를 끝으로 멸망할 때까지 한반도의 남부에 여러 소국들로 분립되어 있었다. 가야 고분들은 가야 소국들이 자리잡고 있던 곳에 따라 분포하고 있다. 최초의 가야 고분은 3, 4세기경부터 금관가야가 자리 잡고 있던 김해 지방을 중심으로 등장한 덧널무덤이다. 구덩이를 파고, 널관棺을 넣는 덧널목곽木槨 시설을 나무로 만들었다. 덧널무덤 유적으로 김해 대성동 고분군과 부산 복천동 고분군을 들 수 있다. 토광목곽묘土壙木槨墓라고도 하는 덧널무덤은 대형일 경우 껴묻거리를 넣는 딸린덧널부곽副槨이 설치되기도 한다.

5~6세기에 성행한 구덩식 돌방무덤은 덧널무덤의 뒤를 이어 가야의 여러 소국에서 유행한 묘제이다. 땅을 파고 그 내부에 할석이나 판석을 이

- 껴묻거리(부장품副葬品) : 죽은 사람을 매장할 때 함께 묻는 물건
- 묘제墓制 : 묘에 대한 제도

용하여 4면의 벽을 만든 뒤 그 안에 시신과 껴묻거리를 안치한 후 천장돌을 얹어 닫고, 다시 그 위에 봉토를 씌우는 형태인 구덩식 돌방무덤의 대표적인 유적으로는 대가야 지배층 묘역으로 추정되는 고령 지산동 고분군과 다라국 지배층의 무덤으로 추정되는 합천 옥전 고분군 등을 들 수 있다. 가야 고분의 벽화는 대가야의 수도였던 고령군 대가야읍의 고아동 벽화고분의 널길 천정과 널방의 벽 상부에 연꽃무늬와 구름무늬 일부가 남아 있다.

〈술술 훑어보기〉 삼국과 가야의 고분과 벽화

구 분	고분과 벽화
고구려	돌무지무덤 – 장군총, 강서대묘 굴식 돌방무덤 – 안악 제3호 고분, 무용총, 쌍영총
백제	돌무지무덤 – 백제, 서울 석촌동 고분, 가락동 고분 벽돌무덤 – 무령왕릉 굴식 돌방무덤 – 공주 송산리 고분군, 부여 능산리 고분군
신라	돌무지덧널무덤 – 천마총 굴식 돌방무덤 – 순흥 벽화고분, 순흥 어숙묘
가야	덧널무덤 – 김해 대성동 고분군, 부산 복천동 고분군 구덩식 돌방무덤 – 고령 지산동 고분군, 합천 옥전 고분군 벽화고분 – 고령군 대가야읍의 고아동 벽화고분

4장 삼국과 가야의 음악

- 경남 고령에 있는 우륵 박물관
  우륵은 가야에서 가야금을 가지고 신라로 망명했다.

1. 삼국의 음악
2. 가야의 음악

삼국 중 가장 먼저 음악이 발달한 나라는 고구려였고, 그 뒤를 백제와 신라가 이었다.

1. 삼국의 음악

고구려의 음악 – 가장 먼저 발전하다

고구려는 삼국 및 가야 중에서 가장 일찍 음악 문화를 발전시킨 나라이다. 『삼국사기』 「잡지」 '음악조'에 다음과 같은 기록이 보인다.

"처음으로 진晉나라 사람이 칠현금을 고구려에 보냈다. 고구려 사람들은 비록 그것이 악기라는 것을 알았으나, 그 악기의 성음이나 연주법을 알지 못하여 나라 사람들 가운데 그 성음을 알아서 연주할 수 있는 사람을 구해서 후한 상을 주겠다 하였다. 그 당시 둘째 재상인 왕산악이 칠현금의 그 본래의 형태는 그대로 두고 만드는 방법을 약간 고쳐서 새 악기를 만들었다. 겸해서 100곡을 작곡하여 연주했다. 그때 검은 학 한 마리가 날아와 춤을 추었다. 그래서 새로 개량한 악기를 현학금이라고 불렀다. 그 뒤에 그 악기를 다만 현금이라고 불렀다."

• 신윤복 「거문고 줄감기」

고구려의 음악 발전에 특히 큰 공을 세운 사람은 왕산악이다. 그는 진나라의 칠현금을 개량하여 거문고를 만들었고 100여 곡을 작곡하였다. 거문고는 뒤에 신라에 전해져 옥보고 같은 훌륭한 연주자를 낳았다. 왕산악이 칠현금을 개량해 만든 거문고의 제작 연대는 4세기경이다.

4세기 중반 고구려의 음악 활동을 엿볼 수 있는 자료는 안악 제3호 고분이다. 황해도에 있는 안악 제3호 고분 벽화의 주악도奏樂圖에는 입고·소·북·각·요 등의 악기에 맞추어 노래 부르는 사람과 거문고처럼 생긴 현악기에 맞추어 춤을 추는 사람이 그려져 있다.

한편 일반 백성들에게 유행되었던 속악곡인 「내원성」·「연양」·「명주」 같은 노래의 근원 설화가 『고려사』「악지」에 보인다.

백제의 음악 - 이름만 남은 속악들

백제는 고구려보다 음악 문화가 늦게 발달한 나라이다. 중국의 역사서 『수서』에 백제의 음악 문화에 대해 "백제 음악에 고鼓, 각, 공후箜篌, 쟁箏, 우竽, 지篪, 적笛 같은 악기가 있다."라고 짧게 소개되어 있다. 백제의 가요로는 유명한 「정읍사」가 있고, 『고려사』「악지」에 「선운산」·「무등산」·「방등산」·「지리산」 같은 곡의 이름만 전해지는 백제의 속악이 있다.

- 입고立鼓 : 세워 놓는 큰 북
- 소簫 : 대나무로 만든 세로 피리
- 각角 : 짐승의 크고 작은 뿔로 만든 관악기
- 요鞀 : 타악기

신라의 음악 – 상대적으로 늦은 발전

신라는 고구려·백제보다 음악의 발전이 상대적으로 늦었다. 『삼국사기』「악지」에 다음과 같은 기사가 보인다.

"신라의 음악에는 삼죽三竹·삼현三絃·박판拍板·대고大鼓·가무歌舞가 있었다. 춤을 추는 두 사람은 모가 난 복두樸頭를 쓰고 자색의 큰 소매가 달린 내리닫이옷을 입었고 붉은 가죽띠에 도금한 허리띠를 매고, 검은 가죽신을 신는다. 삼현은 첫째 현금, 둘째 가야금, 셋째 비파이다. 삼죽은 첫째 대금, 둘째 중금, 셋째 소금小笒이다."

이 밖에 신라의 음악에 대해서는 유리이사금 때 회악, 탈해이사금 때 돌아악, 자비마립간 때 백결 선생이 지은 방아타령대악碓樂 등이 기록에 있다. 6세기경 신라로 망명한 우륵이 전한 가야 음악이 신라의 궁중 음악으로 정착되고, 가야금이 신라에 널리 보급되었다. 기록에 남아 있는 음악가로 백결 선생·옥보고가 있다.

백결 선생 – 거문고로 방아타령을 짓다

"허구한 날 '물계자 님, 물계자 님' 하더니 당신도 물계자가 되어가는 게 아닌지 모르겠어요."

아내가 입가에 엷은 미소를 흘리며 말했다.

"당치도 않은 소리 마시오. 감히 물계자 님과 나를 같이 견주어 말하다니······."

백결 선생이 손을 내저으며 말했다.

백결 선생은 일찍이 영계기를 흠모한 나머지 스스로도 거문고를 가지고 다녔다. 모든 기쁨·노여움·슬픔·불평을 거문고를 뜯으면서 달랬다. '영계기'는 사슴가죽 옷에 새끼 띠를 매고 늘 악기를 타며 노래 부르고 다녔다는 중국 춘추 시대의 사람이었다.

어느 해 섣달 그믐날이었다. 이웃집에서는 조를 찧어 떡을 만드느라고 법석이었다. 그러나 백결 선생의 집안은 그것마저 여의치 않았다.

"남들은 떡을 만들어 먹는다고 야단인데…."

백결 선생의 아내가 길게 한숨을 내쉬었다.

"무릇 죽고 사는 것은 명에 달려 있고, 부귀는 하늘에 매인 일이어서 사람의 힘으로는 어쩔 수 없는 것인데 당신은 무엇 때문에 부질없이 속상해 하는 거요? 내 당신을 위하여 떡방아 찧는 소리를 냄으로써 이 슬픔을 위로해 줄까 하오."

백결 선생은 말을 끝내고 거문고를 타서 떡방아 찧는 소리를 냈다. 이 이야기를 전해들은 사람들은 이것을 대악碓樂, 즉 방아타령이라고 이름 지었다.

궁궐에서 궁정 악사장으로 오라고 사람을 보내왔다.

"나는 내 마음대로 하고 싶어서 벼슬살이는 못하는 사람이오."

백결 선생은 한마디로 거절했다.

궁궐에서 온 사람이 돌아가자, 아내가 방으로 쫓아 들어왔다.

"여보, 한 번도 아니고 여러 번 청하는데도 왜 안 가십니까?"
아내가 안타까운 표정을 지었다.
"물계자 님도 하시지 않는 벼슬살이를 내가 할 수는 없소."
백결 선생이 담담하게 말했다.

며칠이 지난 어느 날이었다.
백결 선생이 거문고를 메고 댓돌 아래로 내려섰다.
"어딜 가시는 거예요?"
아내가 말끝을 높였다.
"사체산에 가려고 하오."
백결 선생이 거문고를 만지작거렸다.
"여보, 나도 따라 가겠어요."
 백결 선생과 그의 아내는 사체산에 들어서서 물계자와 그의 아내가 물 긷던 우물을 찾아갔다.
 백결 선생은 바가지에 물을 떴다.
"물맛은 옛날이나 지금이나 똑같군."
 물을 들이킨 백결 선생은 거문고를 당겨 「물계자가勿稽子歌」를 노래하기 시작했다.

백 번 기운 옷을 입고 다닌다고 해서 '백결' 선생

 백결 선생은 신라 자비마립간 때 사람으로 경주 남산 밑에서 가난하게 살았다. 『삼국사기』의 기록에 의하면 그는 어찌된 사람인지 잘 알지 못해 이름도 성도 없었으며, 매우 가난하여 늘 누더기 옷을 입고 다녔다. 그 모양이 마치 메추리가 매달린 것 같았다. 그래서 사람들은 그를 백 번 기운 옷을 입고 다닌다 해서 백결 선생이라고 불렀다. 이웃집들의 떡방아 찧는 소리를 듣고 대악碓樂, 즉 방아타령을 지은 그는 음악뿐만 아니라 모든 예술과 학문에도 밝았다.

3부

삼국과 가야의 문학과 예술

 **'물계자 님'은 누구일까?**

백결 선생이 가장 숭배한 사람은 신라의 충신 물계자였다. 그는 아내에게 물계자 이야기를 자주 말하고는 했다. 물계자는 신라 내해이사금 때 사람이었다. 그는 이름도 없는 집안의 사람이었으나 사람됨이 남달리 뛰어나고 어릴 때부터 장한 지조가 있었다. 그가 사귀는 사람들은 무슨 세력이 있거나 유명한 사람도 아니었다. 그는 검술과 음악을 좋아해서, 스스로 부지런히 쉬지 않고 익혔다. 포상팔국 전쟁 때 두 번이나 공을 세웠으나 모두 인정받지 못했다. 그러나 그는 누구를 원망하지 않았다. 오히려 자신이 충성을 다하지 못한 것을 부끄러워하였다. 그는 부인과 함께 사체산에 들어가 다시는 세상에 나오지 않고 우물가에 집을 짓고 노래를 지으면서 살았다.

2. 가야의 음악

가야의 음악에 관한 사료는 『삼국사기』 「악지」에 인용된 『신라고기新羅古記』 기사에 비교적 상세히 나온다. 『신라고기』에 이렇게 기록되어 있다.

가야금은 가야국 가실왕이 당나라 악기를 보고 만들었다.
"여러 나라의 방언들은 제각기 다르다. 어찌 그 성음聲音을 통일할 수 있겠느냐?"
가실왕이 말을 끝내고 악사인 성열현 사람 우륵에게 명령하여 12곡을 만들게 했다.
그 후에 우륵은 가야국이 장차 혼란스러워질 것이라 생각하고 악기를 가지고 신라 진흥왕에게 귀순하였다. 진흥왕은 그를 받아들여 국원에서 편안히 살게 했다. 곧 대나마 주지·계고와 대사 만덕을 그에게 보내 음악 수업을 받게 했다.

위 기사를 통해 가야금을 만든 사람은 대가야의 가실왕이고, 성열현 사람 우륵이 12곡을 창작했다는 사실을 알 수 있다. 성열현은 지금의 경남 의령군 부림면에 있던 것으로 비정比定되는 사이기국으로 후기 가야 연맹에 속한 소국의 하나였다. 우륵이 대가야가 멸망할 것이라고 예견하고 신라로 망명하여 국원에서 살게 되었고, 대나마 주지 등 신라인들에게 음악을 가르치게 되었다는 것이다.

우륵 – 가야금을 들고 대가야에서 신라로 넘어가다

대가야의 가실왕은 음악을 무척 좋아했다. 그는 중국 남제에서 들어온 쟁이란 악기를 이리저리 살펴보며 생각에 잠겼다. 쟁은 하늘을 본떠 위를 둥글게 만들었고, 땅을 본떠 아래는 평평하게 만들었다.

'나라마다 백성들이 쓰는 말이 다르거늘 어찌 음악이 다 같을 수 있으리오.'

가실왕은 가야에서 사용하고 있는 축이란 현악기와 쟁을 같이 놓고 살펴보았다.

'남제 악기를 그대로 쓸 것이 아니라, 쟁과 축의 좋은 점을 취하여 우리의 음악을 연주하기에 알맞은 새로운 악기로 만들어 보면 어떨까!'

가실왕은 무릎을 탁 쳤다.

그날부터 가실왕은 밥을 먹고 잠을 자는 것도 잊고 새로운 악기를 만들

• 국원 : 지금의 충북 충주

었다. 이렇게 하여 우리나라 고유의 악기인 가야금이 만들어졌다. 가야금은 대체로 남제의 쟁과 같은 모양을 하고 있었다. 울림판 위에 기러기발이 버티고 있고, 그 위에 12줄을 각각 걸어 놓았다. 머리 좌우로 뿔 같은 모양이 삐죽 나온 것이 쟁과 특히 다른 점이었다.

가야금을 만든 가실왕은 궁중 악사 우륵을 불렀다.
"내가 새로운 악기를 만들었으니, 12곡을 짓도록 하라."
가실왕이 가야금을 어루만지며 말했다.
"한꺼번에 12곡이나 만들기는 무리가 아닌가 하옵니다."
우륵이 난처한 표정을 지었다.

"내가 12곡을 지으라는 것은 다 뜻이 있어 그러는 거요. 우리 대가야가 가야 연맹을 형성하였지만, 아직 12나라가 서로 힘껏 뭉치지 못하고 있소. 우리 가야 12나라에는 각 나라마다 즐겨듣는 노래가 있소. 그 노래를 그대가 채집하여 다듬어서 보다 훌륭한 노래로 지으란 말이오."
가실왕이 말을 끝내고 가야금을 우륵에게 건네 주었다.

우륵은 가야 연맹에 속한 열두 나라의 산과 강과 저자거리를 찾아다니며 백성들이 즐겨 부르는 노래를 모았다. 그는 어렵게 모은 노래를 새로운 노래로 만들었다. 모두 12곡이었다.

그 무렵, 대가야의 운명은 바람 앞의 등불처럼 가물거리고 있었다. 우륵은 좀 더 안정된 곳에 가서 음악을 하고 싶었다. 그는 가야금을 둘러메고 제자 이문과 함께 신라로 망명했다. 신라는 우륵과 이문을 국원에서 살게 하였다. '국원'은 신라의 북쪽 국경 지대였다. 그곳에는 신라에 의해 망한 금관가야의 백성들이 강제로 옮겨와 살고 있었다.

어느 날, 신라의 진흥왕은 국경 지방 고을을 돌아보다가 낭성에 들렀다. 국원에 살고 있는 관리들은 진흥왕을 하림궁에 모셔 놓고 잔치를 열었다. 우륵과 이문도 불려나가 가야금을 연주했다.

"어허, 이 노래는 내가 처음 들어보는 노래로다. 이 노래를 연주하는 사람은 누구인고?"

진흥왕이 우륵을 바라보며 말했다.

"대가야에서 넘어온 우륵이라는 악사입니다."

진흥왕 곁에 있던 신하가 재빨리 대답했다. 진흥왕이 우륵의 가야금 연주를 칭찬하고 나서자, 신하들이 들고 일어났다.

"우륵은 망한 나라의 신하이며, 우륵이 연주하는 음악은 망한 나라의 음악입니다. 이를 물리치소서."

그러나 진흥왕은 여러 신하들의 반대를 물리치고 가야금을 장려했다. 계고, 만덕, 법지 세 사람을 우륵에게 보내 가야금을 배우게 했다. 우륵에게 가야금을 배운 세 사람은 우륵의 12곡을 5곡으로 줄였다. 우륵이 이 소식을 듣고 처음에는 몹시 화를 냈으나, 새로 줄인 5곡을 모두 듣고 난 뒤에는 감탄하였다.

· 충주 탄금대에서 바라본 강물

"즐거우면서도 지나치게 즐겁지 않고, 슬프면서도 지나치게 슬프지 않구나. 이것이 정말 바른 음악이로구나."

그 후, 우륵은 탄금대에서 유유히 흘러가는 달천 강물을 바라보며 조용히 가야금을 타며 지내다가 세상을 떠났다.

· 한기 :   가야어로 왕이라는 뜻

우륵 12곡과 후기 가야 연맹의 판도

우륵 12곡은 5~6세기 대가야가 주도하는 후기 가야 연맹에 소속된 가야 소국들의 향토색이 강한 지방 음악을 정리하여 가야금 곡으로 만든 것이다. 가실왕은 12곡을 가야 연맹을 하나로 묶는 데 사용하도록 했다. 가야 소국의 한기들이 대가야 궁정에 모이는 날이면, 우륵은 가야금으로 12곡을 연주했다. 우륵 12곡의 분포를 살펴보면 후기 가야 연맹의 최대 판도를 가늠해 볼 수 있다. 우륵이 12곡을 연주하던 때는 후기 가야 연맹이 최전성기를 이루던 때였다. 그러나 530년대 이후 가야 연맹은 분열되어 쇠퇴의 길을 걸었다.

> **조금 더 알아보기** 우륵이 만든 12곡
>
> 「하가라도」는 김해 지역에 있던 가야 소국인 금관가야의 노래였다. 「상가라도」는 고령 지역에 있던 가야 소국인 대가야의 노래였다. 「사물」은 사천 지역 가야 소국인 사물국의 노래였다. 「거열」은 거창 지역 가야 소국인 거열국의 노래였다. 「사팔혜」는 합천 초계 지역 가야 소국인 초팔국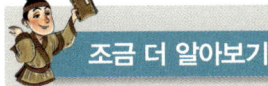의 노래였다. 「물혜」는 전남 광양 지역의 가야 소국인 모루국의 노래였다. 「달이」는 전남 여수시 및 돌산읍에 있던 가야 소국인 상·하다리국의 노래였다. 「상기물」과 「하기물」은 전북 남원시 및 임실·장수에 있던 가야 소국인 상·하기문국의 노래였다. 「이사」는 경남 의령군 부림면에 있던 가야 소국인 사이기국의 노래였다. 그밖에 「보기」와 「사자기」는 어느 가야 소국의 노래인지 알 수 없다. 「보기」는 여러 개의 공을 돌리는 기예를 보일 때 연주하는 음악이고, 「사자기」는 사자 모습의 탈춤놀이를 할 때 연주하는 음악이다.

삼국의 가야의 고분과 벽화 한눈에 요약하기

	삼국과 가야의 고분과 벽화
고구려	**돌무지무덤 → 굴식 돌방무덤** **돌무지무덤** • 장군총 **굴식 돌방무덤** • 무용총 : 무용도, 수렵도 • 쌍영총(서역 계통의 영향) : 인물풍속도 및 사신도 • 강서대묘 : 사신도(도교의 영향) • 안악 제3호 고분 : 벽화무덤 중 가장 규모가 큼 : 실내 생활 벽화
백 제	**돌무지무덤 → 굴식 돌방무덤, 벽돌무덤** **한성 시기** • 돌무지무덤 : 고구려 초기 고분의 영향 : 서울 석촌동 고분, 가락동 고분 **웅진 시기** • 굴식 돌방무덤과 벽돌무덤 보급 : 공주 송산리 고분군(굴식 돌방무덤) : 무령왕릉(벽돌무덤 ; 중국 남조의 영향) **사비 시기** • 굴식 돌방무덤 : 부여 능산리 고분군 ; 동화총의 사신도

삼국과 가야의 고분과 벽화

| 신라 | 돌무지덧널무덤 → 굴식 돌방무덤

3세기 후반~4세기 전반
- 덧널무덤
  : 경주와 인근 지역 중심

4세기 후반~6세기 전반
- 돌무지덧널무덤
  : 경주 천마총
  : 널방(현실)이 없으므로 벽화 없음
- 구덩식 돌덧널무덤, 앞트기식 돌덧널무덤
  : 낙동강 동쪽의 경상남북도 지방
  : 순흥 벽화고분(내부가 굴식 돌방무덤)
    – 사람, 새, 연꽃, 집, 구름 벽화
  : 순흥 어숙묘(굴식 돌방무덤)
    – 인물과 연꽃 벽화

6세기 전반
- 돌방흙무덤 유행

◎ 솔거
- 황룡사 「노송도」
  : 현재 남아 있지 않음

 **삼국의 가야의 고분과 벽화 한눈에 요약하기**

삼국과 가야의 고분과 벽화

가 야	덧널무덤 → 구덩식 돌덧널무덤 3~4세기 • 덧널무덤 : 김해 지방 중심 : 김해 대성동 고분군 : 부산 복천동 고분군 5~6세기 • 구덩식 돌방무덤 : 고령 지산동 고분군 : 합천 옥전 고분군 : 고아동 벽화고분 　- 연꽃무늬와 구름무늬 일부

 **삼국과 가야의 음악 한눈에 요약하기**

삼국과 가야의 음악	
고구려	• 가장 일찍 음악 문화를 발전시킴 • 왕산악 – 칠현금을 개량해 만든 거문고 • 안악 제3호 고분 벽화의 주악도
백 제	•「정읍사」 • 이름만 전해지는 속악 　–「선운산」·「무등산」·「방등산」·「지리산」
신 라	• 고구려·백제에 비해 음악의 발전이 상대적으로 늦음 • 유리이사금 때 회악 • 탈해이사금 때 돌아악 • 자비마립간 때 백결 선생의 방아타령(대악) • 우륵(6세기경 가야에서 신라로 망명) 　– 가야 음악이 신라의 궁중 음악으로 정착 　– 가야금이 신라에 널리 보급
가 야	• 대가야 가실왕 　– 당나라 악기를 보고 가야금 만듦 • 우륵 　– 12곡을 만듦 　– 가야금, 12곡과 함께 신라로 망명

4부

삼국과 가야의
대외 교류와
문화의 일본 전파

1장 삼국과 가야의 대외 교류

1. 삼국의 대외 교류
2. 가야의 대외 교류

2장 삼국과 가야 문화의 일본 전파

1. 고구려 문화의 일본 전파
2. 백제 문화의 일본 전파
3. 신라 문화의 일본 전파
3. 가야 문화의 일본 전파

1장 삼국과 가야의 대외 교류

1. 삼국의 대외 교류
2. 가야의 대외 교류

• 신라의 문물이 전해진 일본 오카야마현

• 6세기경 삼국의 경제 활동과 대외 교역

1. 삼국의 대외 교류

고구려의 대외 교류

고구려는 삼국과 가야 가운데 대외 관계가 가장 활발한 나라였다. 중국 북조北朝 국가들과의 사신들의 왕래로 무역과 문화 교류가 활발하게 이루어졌다. 북조 국가들과의 교역에서 고구려는 주로 말, 황금, 백은, 각궁, 단궁, 천리마, 생태피, 골계피, 초피 등을 수출했고, 비단을 비롯한 의류, 물소, 수레의 장식 등을 수입했다. 왜국과의 교역에서도 철로 만든 방패와 철과녁, 황금, 북 등의 악기, 각종 토산품 등을 수출하고, 황금, 은, 수은, 수정염주, 부채 등을 수입했다.

1965년 우즈베키스탄 사마르칸드의 한 언덕에서 발견된 아프라시압 고분벽화에는 깃털을 꽂은 모자인 조우관을 쓰고 고리자루칼을 찬 고구려 사신으로 여겨지는 인물의 모습이 보인다. 6~8세기경 몽골 고원과 알타이 산맥을 중심으로 유목 생활을 하던 투르크계 민족이 세운 돌궐의 왕 무한카간이 죽었을 때 고구려에서 조문 사절을 보냈다는 내용이 돌궐 제국의 영웅 킬 테긴을 기리는 비석의 비문에 새겨져 있다. 중국 길림성 집안현에 있는 고구려 고분인 각저총 벽화에는 큰 눈에 매부리코를 한 전형적인 서역인 모습을 한 인물도가 그려져 있다. 이를 통해 고구려가 중국 서쪽에 있는 나라들인 서역과 서로 교류가 있었다는 것을 알 수 있다.

한편 음악에서도 교류가 있었다. 왕산악은 진晉나라에서 보낸 칠현금을 개조하여 거문고를 제작했다. 그리고 『수서』에 의하면 고구려 음악은 수나라 궁궐 안에 설립한 칠부악七部樂의 하나로 취급되었고, 『구당서』에 당나라에 파견되었던 고구려 악공들이 매우 화려한 복장을 하고 열다섯 가지의 악기로 편성된 합주단으로 구성되어 음악을 연주했다고 기록되어 있다.

백제의 대외 교류

백제는 중국의 남조 국가들인 동진, 남송, 남제, 양과 북조 국가들인 북위, 북제, 북주와 사신을 교환하는 등 활발한 외교 활동과 무역을 하고 있었다. 백제와 동진의 교류는 당항성 – 백령도 – 압록강 하구 – 요동반도랴오둥반도 – 산동반도산둥반도에 이르는 항로를 이용했다. 이러한 교류를 통해 토기 유리제품, 금장식품 등 중국 문물이 들어왔고, 백제의 무덤 축조 양식에도 큰 영향을 미쳤다.

서울시 송파구 풍납동에 위치한 풍납토성을 비롯한 몽촌토성 석촌동 고분군 등지에서는 중국 서진의 전문도기와 동진의 청자들이 출토되었고, 백제 제25대 무령왕과 왕비를 합장한 무덤인 공주 무령왕릉은 남조의 양나라 영향을 받아 벽돌무덤으로 축조되었다.

『구당서』「음악지」에 "현재 보존되어 남아 있는 악기로는 쟁·적·도피피리·공후가 있는데, 이 악기들은 대체로 중국 것과 같다."라고 백제악에 대한 기록이 있다. 이 기사에 보이는 것처럼 백제는 당나라 이전부터 중국에 음악 연주단을 파견하는 등 중국과 교류해 왔다. 음악 연주단을 파견할 때 무용수도 함께 파견했다는 것을, 『구당서』「음악지」를 통해 확인할 수 있다.

왜국과 활발히 교류한 백제는 왜국의 음악에도 영향을 끼쳤다. 『일본서기』「추고기推古紀」 '20년조'에 백제인 미마지에 대한 기록이 나타난다.

스이코 천황推古天皇 20년에 백제인 미마지가 귀화했다.
"오나라에서 기악무를 배워서 춤을 출 수 있습니다."
미마지가 말했다.
미마지를 사쿠라이에서 살게 하였다. 그리고 소년들을 모아서 기악무를 가르치게 하였다. 이 때 마노 오비토데시와 이마키노아야 히토사이몬 두 사람에게 그 춤을 배워서 전하도록 하였다. 이것이 지금의 오치노 오비토, 사키타노 오비토의 선조이다.

미마지가 남중국 오나라에서 배운 기악무를 왜국에 전했다. 기악무는 불교와 관련이 깊은 가면극을 말하는 것으로 한국의 양주산대놀이와 내용과 구성에 있어 비슷하다. 당시 기악무에서 사용했다고 전해지는 가면과 악기가 일본의 국보로 지정되어 도쿄 국립 박물관과 일본 나라현 도다이사東大寺의 왕실 유물창고인 쇼소인正倉院에 보관되어 있다.

이 무렵 왜국에 전해진 백제의 악기로는 고, 각, 공후, 쟁, 우, 지, 적 같은 악기가 있다.

신라의 대외 교류

내물이사금 26년인 381년, 고구려 사신의 안내로 처음으로 전진에 사신을 파견했다. 그 후 초기에는 고구려를 통해 중국 문화를 수용해 온 신라는 한강 유역을 차지한 후 황해 횡단항로인 적산항로赤山航路를 확보한 후 진흥왕 25년인 564년부터 중국과의 교류에 주도권을 쥘 수 있게 되었다. 울산과 당항성이 신라의 국제 무역항으로 다른 나라에 알려졌다. 신라는 이들 항구를 통해 중국, 서역, 왜국, 동남아와 교류했다. 신라에서는 은, 채색 비단, 금은 세공품, 인삼, 우황 등을 수출했다.

특히 돌무지덧널무덤에서 발굴된 금제 장식보검, 상감유리구슬, 유리그릇, 뿔 모양의 잔, 귀금속 등은 서역에서 들어온 물품으로 왕족을 비롯한 귀족들이 애용했다.

특히 『삼국사기』를 보면, 혁거세거서간 8년인 기원전 50년부터 소지마립간 22년인 500년까지 왜국이 신라를 침략한 기사가 33회, 사신이 오고 간 기사가 6회, 인질을 보낸 기사가 2회, 청혼 한 기사가 2회, 기타 기사가 5회로 침략 기사가 압도적으로 많다. 문무왕 10년인 670년에 왜국이 '일본'으로 나라 이름을 고쳐부르기 전까지 시기는 대체로 신라 사람들은 왜인들을 침략자·약탈자로 보았다. 『삼국사기』「열전」 '석우로전'에 신라인과 왜인의 의식을 살펴볼 수 있는 기사가 있다.

「석우로전」 – 신라인과 왜인의 의식을 보여 주는 이야기

첨해이사금 7년인 253년, 왜국의 사신 갈나고가 금성에 왔다. 첨해이사금은 석우로에게 왜국 사신을 접대하라고 명령했다. 석우로는 왜국 사신을 초대하여 술상을 차리게 했다. 술잔이 오고 갔다.

"멀지 않아 우리 신라는 당신네 나라 왕을 소금을 굽는 사내종으로 만들고 왕비 또한 밥짓는 계집종으로 만들겠소."

석우로가 술잔을 들고 낄낄거렸다.

"말씀이 지나치십니다 그려."

왜국 사신이 이맛살을 찌푸렸다.

"하하하, 농담을 좀 한 걸 가지고 뭘 그러시오."

석우로가 술잔을 건넸다.

왜국 사신은 몹시 속이 상했으나, 술자리에서 한 이야기를 뭐라고 더 말할 수 없어 그냥 왜국으로 돌아갔다. 왜 왕은 사신으로부터 석우로가 한 말을 전해 듣고 몹시 화를 냈다.

왜 왕은 장군 우도주군에게 신라를 공격하도록 했다. 우도주군이 이끄는 왜군들이 배를 타고 새까맣게 몰려왔다.

"상감마마, 지금 이렇게 왜군들이 쳐들어오는 것은 제가 말을 함부로 했기 때문입니다. 모든 책임이 저에게 있으니 저를 보내 주시옵소서. 제가 가서 막겠나이다."

석우로가 첨해이사금에게 말했다.

"그대의 뜻이 그러하다면 이번에 실수가 없도록 하시오."

석우로는 섣부른 농담으로 왜국 사신을 불쾌하게 하고 말았다.

첨해이사금이 허락했다. 석우로는 이미 바닷가에 상륙하여 진을 치고 있는 왜국 장군에게로 갔다.

"먼젓번 내가 한 말은 술자리의 농담에 지나지 않았소. 어찌 그 말을 믿고 군사를 일으켜 이렇게 쳐들어오는 것이오?"

석우로가 말했다.

왜군들이 달려들어 석우로를 밧줄로 꽁꽁 묶었다.

"나무를 쌓고 그 위에 저놈을 앉힌 뒤 불을 질러 태워 죽여라."

우도주군이 명령했다.

왜군들이 나무더미에 불붙은 기름솜방망이를 갖다 댔다. 불길에 닿은 나무더미는 활활 타오르기 시작했다.

'으으, 내가 입을 함부로 놀려 이렇게 죽는구나.'

석우로는 깊이 뉘우쳤으나, 어떻게 해 볼 수가 없었다. 석우로를 태워 죽인 왜군들은 배를 타고 왜국으로 되돌아갔다. 이때에 석우로의 아들은 어려서 걷지도 못하였다. 사람들은 그를 안아 말 위에 태워 가지고 돌아왔다. 그가 뒤에 흘해이사금이 되었다.

미추이사금 때에 왜국에서 다시 사신이 왔다. 석우로의 아내는 궁궐로 들어가 미추이사금을 뵈었다.

"이번에 온 왜국 사신을 제가 접대할 수 있도록 허락하여 주시옵소서."

석우로의 아내가 청하였다.

"그리 하도록 하라."

미추이사금이 허락했다.

석우로의 아내는 왜국 사신을 집으로 초대해 술상을 차렸다.

"멀리서 오시느라 얼마나 고생이 많으셨습니까."

석우로의 아내는 왜국 사신에게 자꾸만 술잔을 권하였다. 마침내 왜국 사신이 술에 곯아떨어졌다.

"여봐라, 이놈을 묶어 장막더미 위에 올려라."

석우로의 아내가 숨어 있던 하인들에게 말했다. 그들은 왜국 사신을 꽁꽁 묶어서 장작더미 위에 올려 놓았다.

"불을 질러라!"

석우로의 아내가 소리쳤다.

하인들이 장작더미에 기름을 붓고 불을 질렀다. 불길은 활활 타올라 왜국 사신을 삼켰다. 왜국 사신이 불에 타죽었다는 소식을 들은 왜 왕은 군사를 일으켜 신라를 치도록 했다.

"석우로의 마누라를 잡아 갈가리 찢어 죽여라!"

왜 왕이 화난 목소리로 말했다.

왜군들이 금성을 치고자 배를 타고 동해 바닷가에 나타났다. 신라는 다시 전쟁의 소용돌이에 휘말렸다.

"석우로가 말을 함부로 하여 나라를 위태롭게 하더니 이번에는 그 아내마저 행동을 함부로 해 나라를 위태롭게 하구나."

미추이사금은 길게 한숨을 내쉬었다.

미추이사금은 군사를 이끌고 나가 왜군들과 싸웠다. 있는 힘을 다해 싸우는 신라의 군사들을 당해 내지 못하고, 왜군들이 물러갔다. 바닷가에는 왜군들의 시체가 즐비했다. 그러나 신라 군사들 가운데도 죽거나 다친 사람들이 적지 않았다. 신라 군사들도 큰 피해를 입은 것이었다.

석우로의 행동과 왜국의 대응

석우로는 내해이사금의 아들이었다. 그의 아내는 조분이사금의 딸 명원부인이었다. 내해이사금 14년 포상팔국이 금관가야를 침입하였을 때, 석우로는 이벌찬 이음과 더불어 금관가야를 구원해 주었다. 조분이사금 2

년인 231년 석우로는 대장군으로 싸움터에 나가 감문국을 공격하여 정복하였다. '감문국'은 지금의 경상북도 김천에 있던 가야의 소국이었다.

조분이사금 4년인 233년 왜군이 배를 타고 동해 바다를 건너 신라로 쳐들어왔으나 석우로가 물리쳤다. 조분이사금 15년인 244년에 석우로는 벼슬이 이찬에서 서불한으로 오르고, 지병마사를 겸해 군사 관계의 일을 주로 맡아 하게 되었다. 그 이듬해 고구려가 신라의 북쪽 국경 지방을 침입해왔다. 석우로는 군사를 거느리고 나가 고구려 군사들을 공격해 물리쳤다. 신라의 세력권에 속해 있던 사량벌국이 백제 편에 붙자, 석우로가 군사를 거느리고 나가서 사량벌국을 토벌하였다. '사량벌국'은 지금의 경북 상주 지방에 있던 소국이었다.

이러한 대외 군사 활동으로 무공을 세운 석우로는 신라의 최고 실력자가 되었지만 술자리에서 왜국 사신에게 실언을 하여 불에 타 죽는 비극적인 최후를 맞이하게 된다. 석우로의 행동과 왜국의 대응을 통해 그 당시 신라인의 일본인에 대한 의식과 일본인의 신라인에 대한 의식을 엿볼 수 있다.

2. 가야의 대외 교류

금관가야가 자리 잡고 있던 김해는 관문Gateway과 같은 중요한 위치였다. 바닷길로 서해안과 남해안의 모든 항구와 중국과 일본으로 통할 수 있었고, 낙동강 물길을 이용해 경상도 내륙 깊숙이까지 연결도 가능했다. 바닷길과 낙동강 물길을 이용해 금관가야는 교역의 중심지로 떠올랐던 것이다. 2001년 김해시 해반천과 봉황대 언덕 사이의 습지에서 항만 유적이 발견됐다. 농경지, 토기가마, 방어 시설, 조개더미, 기둥구멍 등의 유구와 함께 교역과 관련된 창고 시설로 추정되는 굴립주掘立柱 건물이 발굴됐다. 굴립주란 주춧돌 없이 기둥뿌리를 뾰족하게 깎아 땅속에 박아 놓은 기둥을 말한다.

가야의 대외 교역과 관련하여 『삼국지』「위서」 '동이전'에 다음과 같은 기록이 있다.

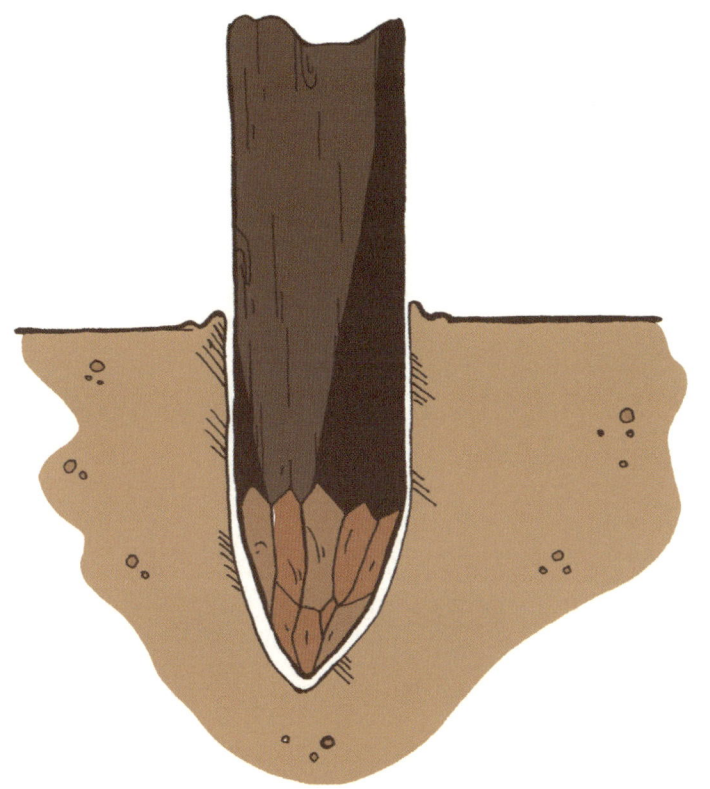

• 굴립주
김해시에서 발견된 항만 유적에서는 굴립주 건물이 발견되었다. 굴립주란 주춧돌 없이 기둥뿌리를 뾰족하게 깎아 땅속에 박아 넣는 방식의 기둥을 말한다.

4부

삼국과 가야의 대외 교류와 문화의 일본 전파

"나라에서 철이 생산되는데, 한韓, 예濊, 왜倭에서 모두 와서 가져갔다. 시장에서 사고 팔 때에 모두 철을 사용하였다. 마치 중국의 돈전錢과 같이 사용하였다. 또한 철을 낙랑과 대방의 두 군郡에도 공급하였다."

이 기사는 한반도 동남부 지역의 철의 생산과 교역에 관한 실상을 알려주고 있다. 김해 대성동 고분과 부산 복천동 고분에서 출토된 많은 양의 덩이쇠와 납작도끼 같은 철기는 『삼국지』 「위서」 '동이전'의 기록이 정확하다는 것을 입증한다.

금관가야는 주위의 풍부한 철광산에서 생산되는 철광석을 제련하는 선진적인 제철 기술을 보유하고 있었다. 『세종실록지리지』는 김해 감물야촌과 창원 부을무산에서 사철沙鐵이 생산된다고 기록하고 있다. 이러한 철 생산과 철 관련 생산품을 낙랑, 대방, 왜국에 수출하면서 금관가야는 대외 교역의 중심지로 떠올랐다.

이러한 대외 교역을 입증하는 유물이 대성동 고분군과 양동리 고분군 등에서 출토되었다. 대성동 고분군에서는 중국 후한의 유물로는 방격규구사신경方格規矩四神鏡과 내행화문경內行花文鏡의 깨진 조각, 북방계 유물로는 오도로스Ordos형 동복, 호랑이모양 띠고리虎形帶鉤, 왜계 유물로 바람개비형 동기파형동기, 벽옥제 석제품 등이 출토되었다.

그리고 양동리 고분군에서는 중국계 유물로 한식漢式 구리거울, 왜계 유물로는 광형동모, 동과, 연질토기하지키土師器, 방추차형 석제품, 바람개비형 동기 등이 발굴되었다.

대성동 91호 고분에서 나온 조개장식 말 갖춤새는 일본 남방 지역인 오키나와와 금관가야가 서로 교류를 했다는 물증으로 학계의 주목을 끌었다. 또한 경북 고령군 대가야읍 지산리 고분군에서 출토된 금동관은 일본의 후쿠이현 니혼마쓰야마二本松山 고분 등에서 출토된 금동관과 양식이 같아 대가야가 왜국과 교류했다는 것을 보여 준다.

한편 경남 사천시 늑도동에 있는 청동기 시대 말기~철기 시대 초기의 무덤·집자리인 늑도 유적은 가야의 해상교역 활동을 추정하게 해 주는 유적이다. 중국계 유물로는 반량전이 발굴되었고, 왜계 유물로는 야요이식 토기가 발굴되었다. 이 유물들은 가야가 중국·왜국과 교역을 한 사실을 입증하는 유물이다.

- 오도로스형 동복 : 유라시아 지역에서 사용된 것으로 청동으로 만든 솥
- 동복銅鍑 : 대형 화분 형태의 동제 용기
- 광형동모廣形銅矛 : 광형투겁창. 몸통이 넓은 동제 무기
- 동과銅戈 : 동꺾창. 찍거나 베는 데 사용한 청동 무기

삼국과 가야의 대외교류 한눈에 요약하기

고구려

서역과의 교류를 알 수 있는 사료
- 우즈베키스탄 아프라시압 고분벽화
- 돌궐 제국의 영웅 킬 테긴을 기리는 비석의 비문
- 중국 길림성 집안현 각저총 벽화

왜국
- 수출 : 철로 만든 방패와 철과녁, 황금, 북 등의 악기, 각종 토산품 등
- 수입 : 황금, 은, 수은, 수정염주, 부채 등

북조
- 수출 : 말, 황금, 백은, 각궁, 단궁, 천리마, 생태피, 골계피, 초피 등
- 수입 : 비단을 비롯한 의류, 물소, 수레의 장식 등

백제

활발한 외교 활동과 무역
- 중국 남조 : 동진, 남송, 남제, 양
- 중국 북조 : 북위, 북제, 북주
- 왜국 : 악기를 전해 줌

당항성 – 백령도 – 압록강 하구 – 요동반도(랴오둥반도) – 산동반도(산둥반도)에 이르는 항로

신라

- 중국, 서역, 왜국, 동남아와 교류
- 수출품 – 은, 채색 비단, 금은 세공품, 인삼, 우황

- 국제 무역항 – 울산, 당항성
- 황해 횡단항로인 적산항로 확보

가야

김해시 해반천과 봉황대 언덕 사이 습지의 항만 유적
- 금관가야가 자리잡은 김해의 입지 조건
  - 바닷길 ; 서해안과 남해안의 모든 항구와 중국과 일본으로 통함
  - 낙동강 물길 ; 경상도 내륙까지 연결

대성동 고분군

- 중국 후한계 유물 : 방격규구사신경과 내행화문경의 깨진 조각
- 북방계 유물 : 오도로스형 동복, 호랑이모양 띠고리
- 왜계 유물 : 바람개비형 동기, 벽옥제 석제품

양동리 고분군

- 중국계 유물 : 한식 구리거울,
- 왜계 유물 : 광형 동모, 동과, 연질토기, 방추차형 석제품, 바람개비형 동기

- **대성동 91호 고분**
  - 일본 남방 지역(오키나와)계 : 조개장식 말 갖춤새
- **지산리 고분군**
  - 왜계 유물 : 금동관

2장 삼국과 가야 문화의 일본 전파

1. 고구려 문화의 일본 전파
2. 백제 문화의 일본 전파
3. 신라 문화의 일본 전파
4. 가야 문화의 일본 전파

• 백제 기술자에 의해 건축된 호류사 5층탑(뒤)

왜국이 적극적으로 수용한 삼국과 가야의 문화는 일본의 아스카 문화에 영향을 미쳤다.

1. 고구려 문화의 일본 전파

삼국과 가야의 대외 교류

　삼국과 가야는 중국을 비롯한 주변의 여러 나라와 교류를 했다. 중국 길림성에 있는 고구려 각저총벽화에는 매부리코에 눈이 큰 전형적인 서역인의 모습을 하고 있는 인물도가 있어 고구려인과 서역인이 서로 교류를 하였다는 것을 알 수 있다. 중국의 수나라와 당나라 궁정에서는 고구려악高句麗樂이 연주되었고, 연회에서는 고구려 무용으로 흥을 돋웠다는 기록이 있다.

　한반도에 살던 주민들이 일본 열도로 이주한 것은, 이미 기원전 3세기 무렵~기원후 3세기 무렵인 야요이 시대부터 4세기~6세기 무렵인 고훈 시대에 걸쳐 진행되었다. 삼국과 가야는 대륙으로부터 중국 문화를 받아들여 독자적인 문화를 이룩하였으며, 발달된 삼국과 가야의 민무늬토기 문화는 왜국이 아스카 문화飛鳥文化를 꽃피우는 데 큰 영향을 주었다.

왜국에 건너간 고구려의 화가

왜국에 건너간 고구려의 화가로는 자마려와 담징이 있다. 자마려의 활동은 거의 알려진 기록이 없으나, 담징에 관한 기록은 『일본서기』와 「법륭사전」에 기록되어 있어 그 활동상을 조금은 짐작해 볼 수 있다.

610년 영양왕 때 승려 법정과 함께 왜국에 건너간 담징은 채색기법과 종이, 먹, 물방앗간의 제작 방법을 왜국에 처음 가르쳐 준 사람이었다.

물방앗간은 계곡에서 흐르는 물을 이용하여 바퀴를 돌리고 그 힘으로 절굿공이를 움직이는 구조를 갖추고 있었다. 계곡이 많은 왜국에는 물방앗간이 빠른 속도로 퍼져나갔다. 물방앗간은 곡물을 찧기 위해서 뿐만 아니라 철이나 동 같은 광석을 제련하는 데도 사용되었다. 670년 왜국에서는 이 방법을 이용하여 철을 만들었다고 한다.

유교의 5경과 그림을 왜인들에게 가르친 담징은 호류사법륭사法隆寺의 금당벽화를 그린 것으로 전해져 온다.

595년 영양왕 때 승려 혜자는 왜국으로 건너가 쇼토쿠 태자의 스승이 되었고, 이듬해 호코사법흥사法興寺가 완성되자 백제의 승려 혜총과 함께 그곳에 머무르며 포교에 힘썼다. 625년 영류왕 때 혜관이 왜국으로 건너가 나라奈良의 겐코사원흥사元興寺에 머무르며 삼론종을 전파하여 일본 삼론종의 시조가 되었다.

• 물방앗간
고구려 화가 담징은 왜국에 물방앗간을 제작하는 기술도 전파했다.

고구려 사람들이 지하에 묘광을 판 후 돌을 이용하여 무덤방을 만든 매장 시설인 돌방무덤이 일본에도 있다. 색동주름치마를 입은 여자, 청룡, 백호 등이 그려져 있는 다카마쓰 고분벽화 고송총 고분벽화高松塚古墳壁畵는 고구려 수산리 고분벽화와 비슷하다.

한편 일본어로 고구려를 가리키는 고마 고려高麗에서 이름이 유래한 고마촌 고려촌高麗村의 고마신사 고려신사高麗神社에는 고구려의 조상들을 모시고 있다.

• 다카마쓰 고분 벽화

담징의 금당벽화 – 수나라와의 전쟁에서 이긴 기쁨을 표현한 그림

담징이 승려화가로 활동하던 고구려 영양왕 때는 고구려가 커다란 소용돌이에 휩싸여 있었다.

그 무렵 고구려는 광개토왕 · 장수왕 · 문자명왕에 이르는 전성시대를 지나, 노쇠기에 접어들고 있었다. 고구려는 북쪽으로 수나라, 남쪽으로 백제 · 신라와 날카롭게 대립하고 있었다. 특히 백제와 신라는 고구려를 두려워하여 서로 힘을 합쳐 고구려의 힘을 꺾으려 하고 있었다.

598년 영양왕이 말갈의 군사를 이끌고 수나라의 요서를 먼저 공격하였다. 이에 수나라는 온 나라 힘을 다 모아 4차례에 걸쳐 고구려를 공격해왔다.

고구려가 전쟁에 휘말려 있을 무렵, 담징은 그의 예술적 포부를 마음껏 발휘하기에는 때가 아님을 깨닫고 백제를 거쳐 610년에 왜국에 건너갔다.

왜국에서는 백제 · 가야 · 고구려 · 신라의 선진 문화를 받아들여 나날이 문화가 발달되어 가고 있었다. 선진 문화에 눈 뜬 왜국은 삼국과 가야에서 많은 학자와 예술가와 기술자를 모셔갔다.

담징이 왜국으로 건너온 지 3년 후 수나라는 120만 대군을 이끌고 고구려로 쳐들어왔다. 살수에서 을지문덕이 수나라 군사들을 물리쳤다. 수나라는 그 후 여러 차례 고구려를 쳐들어왔으나 패배하고 물러갔다.

호류사에 머물고 있던 담징에게 승려 법정이 이 소식을 전해 주었다.
"기쁜 소식입니다. 수나라 양제의 120만 대군을 고구려가 물리쳤다 하옵니다. 을지문덕 장군이 살수에서 수나라 군사를 크게 격파하여, 수나라 군사들이 쫓겨 갔다 하옵니다."

"정말 기쁜 소식입니다. 관세음보살."
담징은 감격하였다.

 **한층 더 깊이 읽기** 금당벽화와 인디아 아잔타 석굴 벽화

금당벽화는 인디아 아잔타 석굴 벽화와 서로 통하는 풍모를 간직하고 있었다. 고구려와 서역은 일찍부터 서로 문화교류가 있었다. 평양 부근의 고구려 고분과 벽화와 인디아의 아잔타 석굴 벽화를 연결시켜 보면 서역 문화가 중국을 거쳐 고구려로 들어왔음을 알 수 있다. 서역은 중국인들이 중국의 서쪽 지역을 일컫던 말이었다. 중국 역사서 『사기史記』에 등장하는 월씨, 오손, 대완, 강거, 안식, 대하 등이 서역에 있던 나라들이었다. 담징이 서역 문화를 섭취하고 있었다는 것은 어렵지 않게 짐작할 수 있다.

• 인디아 아잔타 석굴 벽화

4부

삼국과 가야의 대외 교류와 문화의 일본 전파

담징은 이 감격을 붓을 들어 금당벽화에 아로새기기 시작했다.

금당은 총 12개의 벽면이 있었다. 동쪽, 서쪽, 북쪽 2면의 네 벽에는 석가여래상, 아미타정토상, 약사여래상, 미륵정토상을 묘사하고, 8개의 작은 벽면에는 문수보살을, 천정 밑의 20개 작은 벽면마다에는 2개씩의 하늘을 나는 선녀 등을 묘사했다.

이렇게 금당벽화의 주제는 불교 교리를 내용으로 하고 있었다. 그러나 구도와 형상이 잘 짜여 있고 세부묘사와 필치가 섬세하며 색채가 선명하여 인물들이 마치 살아 있는 것처럼 매우 생동하게 묘사되어 있었다.

담징은 이 금당벽화를 그리느라, 밥을 먹고 잠자는 것도 잊어버리고 있었다.

"스님의 그림은 자세히 보면 인도풍만이 아니요, 서역풍도 있는 것 같습니다. 게다가 당나라의 미술적 감화를 받은 것 같기도 하고요…. 모든 나라 미술의 정화를 한곳에 집대성한 것 같습니다."

미술에 조예가 깊은 법정이 말했다.

담징은 아무런 대꾸도 하지 않고 계속 붓질을 해 나갔다.

관음보살상이 담징의 붓끝에서 살아 움직였다.

"관세음보살."

법정은 염불을 외기 시작했다.

승려들이 몰려왔다. 그들 가운데는 담징을 못마땅하게 생각하던 승려도 있었다. 담징의 붓끝에서 살아 움직이는 관음보살상을 바라보던 그들은 일제히 땅바닥에 꿇어 엎드렸다.

담징은 붓질을 멈추고 허리를 세워 관음보살상을 바라보았다.

그때 관음보살상이 빙긋 웃었다.

관음보살상의 형상은 매우 아름답고 우아하면서도 부드럽고 소박하게 묘사되었다. 풍만하면서도 둔중하지 않고 날씬하게 균형이 잡혀 있는 몸매는 여성미를 한결 돋우어 주고 있다. 게다가 그 위에 휘감은 얇은 옷의 부드러운 흐름과 여의주를 쥐고 있는 손의 움직임은 매우 섬세하게 묘사되었다. 그리고 맑고 풍만한 얼굴에 조용히 다문 입술, 약간 내리뜬 눈 등은 여인의 아름다움과 생동감이 잘 표현되어 있다.

담징과 금당벽화

금당벽화는 4개의 큰 벽면과 8개의 작은 벽면에 12폭으로 된 규모가 큰 그림들이었다. 그 가운데서 6호 벽의 아미타여래상은 3.13센티미터×2.60센티미터, 10호 벽의 약사여래상은 3.13센티미터×2.55센티미터나 되었다.

호류사의 금당벽화는 중국 운강석불, 경주 석굴암과 함께 동양 3대 미술품의 하나였으나, 1949년 1월 수리 중에 불에 탔다. 지금은 그 모사화 일부가 호류사에 남아 있다.

2. 백제 문화의 일본 전파

삼국과 가야 가운데 특히 백제는 왜국과 정치적으로도 긴밀한 관계를 가졌다. 일찍부터 백제 사람들이 왜국에 많이 들락거렸다. 284년 아직기가 왜국의 태자인 우치노와 키이로츠코菟道稚郎子에게 한자를 가르쳤고, 그 후 405년 왕인이 왜국에 초빙되어 가서 『천자문』과 『논어』를 왜왕의 태자에게 가르쳤다. 463년 백제의 화가 인사라아가 왜국으로 건너가 그림다운 그림을 비로소 왜국에 심어 주었다. 513년 무령왕은 오경박사인 단양이를, 516년 고안무를 각각 왜국에 보내 한학과 유학을 전해 주었다. 552년 귀족 노리사치계가 성왕의 명에 의하여 불경과 불상을 왜국에 전했다. 597년 아좌태자는 왜국으로 건너가 쇼토쿠 태자성덕태자聖德太子의 스승이 되었으며, 일본 최고의 걸작으로 전해지는 쇼도쿠 태자상을 그렸다.

왜국에 건너간 오경박사 · 의박사 · 역박사 · 천문박사 · 화가 · 공예기술자 등의 활동으로 고류사 미륵보살반가사유상과 백제 관음상과 목탑이

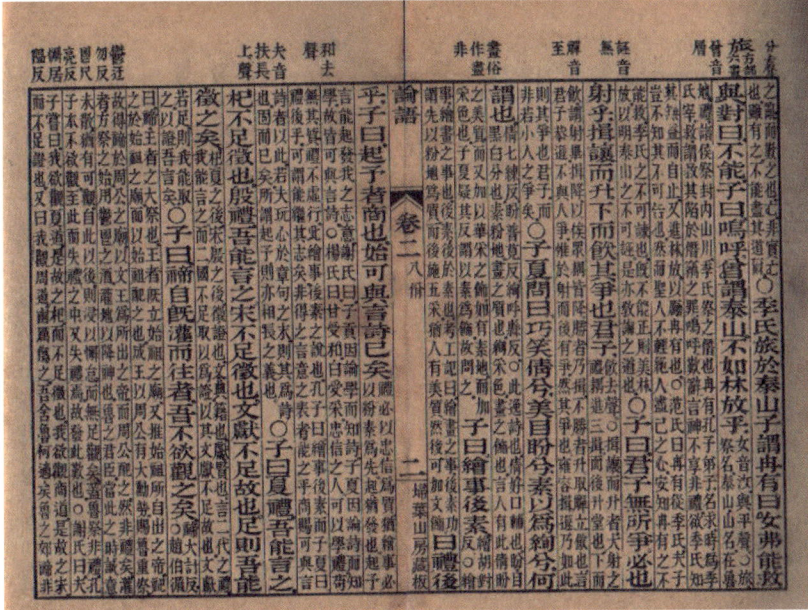

• 『논어』

세워지고 백제 가람 양식이 생겼다. 이러한 백제 문화의 전파는 일본의 아스카 문화 형성의 원동력이 되었다.

왕인 – 왜국에 가 태자의 스승이 되다

근초고왕 21년 왜국 사신 시마노 스쿠네斯摩宿禰가 가야 소국의 하나인 탁순국을 찾아왔다. 탁순국 왕 말금한기는 왜국 사신이 탁순국에 와 있음을 알리기 위해 사신을 백제로 보냈다.

"우리나라 임금이 왜국 사신 시마노 스쿠네가 우리나라에 와 있다고 전하라고 했습니다."

탁순국 사신의 말을 들은 근초고왕은 기뻐했다. 그도 그럴 것이 2년 전, 왜국 사신들이 탁순국에 들락거린다는 소문을 듣고, 탁순국에 구저·미주류·막고 등 세 사람을 사신으로 보낸 적이 있었다. 그러나 그 때는 왜국 사신들을 만나지 못하고 돌아왔다.

"너는 탁순국 사신을 따라, 지금 탁순국으로 가거라. 왜국 사신을 모시고 오도록 하라."

근초고왕은 사신을 탁순국에 파견했다.

백제 사신은 탁순국으로 가 왜국 사신 시마노 스쿠네를 수도 한성으로 안내해 왔다.

백제에서는 구저 등을 왜국에 파견하였다. 왜국의 왕실은 백제 사신들을 융숭하게 대접했다.

구저 등 백제 사신들이 왜국에서 돌아왔다.

"왜국에 가 보니 어떻던고?"

근초고왕이 물었다.

"왜국은 저희들을 매우 융숭하게 대접했습니다. 그리고 또한 왜국은 우리나라와 사귀기를 무척 열망하고 있는 것 같았습니다."

"그건 왜 그러한가?"

"우리나라와 같이 물자가 풍부하고 문명이 발달한 나라로부터 문명을 흡수하고, 물자를 얻기를 바라고 있기 때문입니다."

"잘되었도다. 항상 고구려와 대치하고 있기 때문에 우리가 왜국과 관계를 돈독하게 해 두는 것이 필요하다."

그 후 백제와 왜국은 급속히 가까워졌다. 왜국은 장군 지쿠마 나가히코千熊長彦를 백제에 보내 두 나라 사이의 교통로를 남해안 지방에 열자고 제의하였다.

아직기는 근초고왕의 명령으로 말 2필을 끌고 왜국으로 건너갔다. 그는 말 2필을 왜국 오진왕에게 바쳤다. 그는 그곳에서 말 기르는 일을 맡아보았다. 그런데 그가 경서에 능하다는 사실을 안 오진왕이 그를 태자 우지노와 키이라츠코菟道稚郎子의 스승으로 삼았다.

아직기가 임기를 마치고 백제로 돌아가게 되었다.

"떠난다니 섭섭하오. 내 사신으로 하여금 그대를 모시고 백제로 가도록 할 터이니, 학덕 높은 학자를 보내 주시오."

오진왕은 아직기가 떠나는 것을 못내 아쉬워하였다.

아직기는 아라타 와케荒田別를 비롯한 왜국의 사신들과 백제로 돌아왔다. 아라타 와케의 이야기를 들은 근초고왕은 왕인을 추천했다.

왕인은 『논어』 10권과 『천자문』 1권을 가지고 왜로 건너갔다. 그는 태자 우지노와 키이라츠코의 스승이 되었다.

왕인은 오진왕과 그 신하들에게 경서와 사서를 가르쳤다.

왕인의 자손들은 대대로 가와치河内에 살면서 기록을 맡은 사관史官이 되어 조정에서 일했다.

논어와 천자문을 일본에 전한 왕인

왕인은 백제 근초고왕 때의 학자였다. 근초고왕 때는 백제가 전성기를 누리던 시대로, 대외 활동도 활발하였다. 중국이 북쪽 호족의 침입으로 분열된 시기를 이용하여 요서 지방으로 진출하여 백제군을 설치하였다.

백제의 요서 지방 진출은 요동 지역으로 세력을 뻗쳐 오는 고구려 세력을 견제함과 동시에 상업적인 측면에서의 무역 기지 확보라는 의미도 있었다.

왕인은 한국의 옛 역사서에는 그 이름이 아무 곳에도 나타나지 않는다. 그의 이름은 일본의 옛 역사서인 『일본서기』와 『고사기古事記』에 등장한다.

3. 신라 문화의 일본 전파

　신라의 동해안 지역과 일본의 서안 지역은 선사 시대 이래 많은 인적 교류가 있었다. 「연오랑 세오녀 설화」와 「천일창天日槍 설화」가 그것을 말해준다. 「천일창 설화」는 천일지모天日之矛라고도 하는 신라왕자 천일창, 즉 아메노 히보코가 *단마국에 정착하게 되었으며, 왕에게 옥玉·청동거울·창·칼 등 8가지의 물건을 바쳤다는 서사 구조를 갖고 있다. 아메노 히보코가 가지고 간 신물들은 일본 왕실의 보물로 숭배되었다. 그러나 신라는 지리적으로 왜국과 가까웠으나 군사적 대립이 잦았다. 그것을 입증하는 기록이 『삼국사기』 「열전」 '석우로전'에 전한다.

　고구려, 백제와 비교해 왜국과 활발한 교류를 한 것은 아니나 신라는 배를 만드는 기술인 조선술과 성곽 쌓는 기술인 축성술, 둑을 쌓는 기술인

• 단마국但馬國 : 지금의 일본 효고현兵庫縣 북부 지방

축제술을 왜국에 전해 주어 '한인의 연못한인지韓人池'이라는 이름까지 생기게 되었다. 그러나 '한인의 연못'을 신라인들만이 만든 것은 아니다. 『일본서기』에 의하면 '한인韓人'은 왜국에 들어간 고구려, 백제, 가야, 신라인을 통칭한 것이다. 따라서 조선술, 축성술, 축제술을 왜국에 전한 사람들은 신라인들뿐만 아니라, 고구려인, 백제인, 가야인들도 포함된다는 사실을 잊어서는 안 된다.

「연오랑 세오녀 설화」 - 왜국으로 간 태양과 달

끝없이 펼쳐진 바다 위로 붉은 태양이 솟아올랐다. 바다는 금빛으로 찬란히 물들기 시작했다. 물결이 찰랑거리며 일었다. 그때마다 바닷물이 금빛고기의 비늘처럼 반짝거렸다. 연오랑과 세오녀 부부는 바다에서 미역을 뜯고 고기를 잡으며 살아가고 있었다.

아침식사를 마친 연오랑은 광주리와 갈고리를 들고 미역을 뜯으러 바닷가로 나갔다. 한 손에는 망태를, 다른 손에는 갈고리를 들고 바위를 옮겨 다니며 훑었다.

그는 미역을 한 광주리 뜯어서 콧노래를 부르면서 집으로 돌아가고 있었다. 전에 보지 못하던 큰 바위가 하나 모래밭 옆에 있는 게 눈에 띄었다. 그것은 마치 말 잔등처럼 사람이 타기에 좋은 모양이었다.

"바위가 이상스럽게 생겼네."

연오랑은 혼잣소리로 중얼거리며 바위 위에 올라탔다.

그때였다. 바위가 조금씩 움직이기 시작했다. 연오랑은 바위를 꼭 잡았

다. 순간 바위는 공중으로 두둥실 떠올랐다. 바위는 바다 위로 날아갔다. 연오랑은 바위를 꼭 잡았다. 그의 얼굴은 겁에 질려 하얗게 변해 있었다.

바위는 태양을 향해 달려갔다. 뒤를 돌아보니 고향 마을은 점점 멀어져 갔다. 그는 정신을 가다듬고 밑을 내려다보았다. 넓은 바다 위를 날고 있었다.

"이제는 이 바위가 가는 곳까지 가는 수밖에 없구나."

연오랑은 체념하고 바위를 잡은 손에 힘을 주었다.

바위는 빠른 속도로 달려갔다. 얼마를 달렸을까. 나무가 보이기 시작했다. 곧 집들과 배들이 보였다. 바위는 연오랑을 바닷가 모래밭에다 내팽개쳐 놓고 쏜살같이 달아났다.

순간 정신을 잃었던 연오랑은 사람들의 웅성거리는 소리에 눈을 떴다.

"이제 정신이 좀 듭니까?"

늙수그레한 사람이 물었다. 그는 신라를 들락거린 적이 있어 신라 말을 조금 할 줄 알았다.

"여기가 어딥니까?"

연오랑이 눈을 가느스름하게 떴다.

"오키라는 곳입니다."

사람들은 연오랑이 입은 옷을 만져 보며 잘 지었다고 고개를 끄덕였다. 그들은 연오랑이 범상한 사람이 아니라는 것을 깨닫고 나무로 만든 집으로 안내했다. 그는 주위를 가만히 살펴보았다. 집안이 깨끗하게 정돈되어 있었고, 젊은 사람들이 오가고 있었다.

그 무렵 왜국은 여러 소국으로 나뉘어져 있었다. 오키라는 곳도 부족들이 소국을 이루고 있었는데, 이 소국을 이끌어 갈 왕이 없었다. 사람들은 연오랑을 자신들의 왕으로 삼았다.

한편, 세오녀는 연오랑이 오기를 기다렸다. 그러나 그는 좀처럼 돌아오지 않았다. 세오녀는 남편을 찾아 나섰다. 그가 갔을 만한 곳을 다 찾아보았으나 그의 흔적조차 없었다. 얼마를 헤매었을까. 마침내 그녀는 그가 벗어 놓은 신발을 찾았다.

그때였다. 난데없이 커다란 바위가 나타나 세오녀를 들쳐 업었다. 바위는 바다 위를 달려 왜국 땅으로 갔다. 왜국 사람들은 세오녀가 큰 바위를 타고 오자 깜짝 놀랐다. 곧 그들은 세오녀를 궁전으로 모셔갔다.

연오랑이 달려 내려와 세오녀를 힘껏 껴안았다.

신라에서 해와 달이 빛을 잃다

이 무렵 신라에선 까닭 모르게 해와 달이 빛을 잃고 희미하게 되었다. 나라 안이 법석이었다.

"이게 도대체 어찌 된 일인고?"

아달라이사금이 물었다.

"우리나라에 내려와 있던 해와 달의 정기가 이제 왜국으로 건너가 버렸기 때문에 이런 괴이한 일이 생긴 줄 아뢰오."

일관이 대답했다.

"그렇다면 즉시 사방으로 사람을 보내 최근에 왜국으로 건너간 사람이 있는가 없는가를 조사해 오라."

아달라이사금이 수염을 쓰다듬었다.

며칠 후, 금성 동쪽 바닷가 영일현에서 고래를 타고 바다로 건너간 사람이 있다는 소식이 날아왔다. 아달라이사금은 급히 왜국으로 사자를 보내

• 일관日官 : 천문관측과 점성을 담당하는 관리

연오랑과 세오녀를 신라로 돌아오도록 했다. 이미 오키의 왕이 되어 있는 연오랑은 고개를 가로저었다.

"내가 이 나라에 오게 된 것은 하늘이 그렇게 하도록 시킨 것이오. 지금 와서 내가 어떻게 신라로 돌아갈 수가 있겠소. 그러나 나의 아내가 짠 고운 비단이 있으니, 이것을 가지고 가서 동해 바닷가에 나가 하늘에 제사를 지내시오. 그러면 해와 달이 빛을 다시 회복하리라."

신라로 돌아온 사자들은 그 비단을 아달라이사금에게 바쳤다. 그는 곧 사신이 전하는 대로 동해 바닷가에 나가 제단을 차리고 비단을 받쳐 들고 하늘에 제사를 지냈다.

그제야 동해의 수평선에 붉은 태양이 솟아올랐다. 사람들은 붉은 태양을 바라보며 만세를 불렀다. 밤이 되자 둥근 달이 수평선 위로 떠올라, 은어의 비늘 같은 달빛을 땅 위로 쏟아 내렸다.

아달라이사금은 그 비단을 대궐 안의 곳간에다 간수하게 하고 나라의 보물로 삼았다. 그리고 그 곳간의 이름을 귀비고라 지었다. 그뿐만 아니었다. 하늘에 제사지냈던 그곳은 영일현 또는 도기야라고 부르게 했다.

「천일창 설화」와 같은 태양 신화

「연오랑 세오녀 설화」는 원래 고려 문종 때 박인량이 지은 『수이전』에 실려 있었는데, 일연이 채록하여 『삼국유사』 「기이편」 '연오랑세오녀조'에 실었다.

아달라이사금이 신라를 다스릴 무렵인 2세기경에는 신라 사람들이 왜국을 들락거리며 신라의 앞선 문물을 왜국에 전해 주고 있었다. 157년 동해안에 살던 연오랑이 왜국에 건너가 왕이 되었다. 세오녀는 남편이 돌아오지 않자 왜국으로 가 연오랑을 다시 만났다. 세오녀는 귀비가 되었다. 이때 신라에서는 해와 달이 빛을 잃었는데, 일관은 해와 달의 정기가 왜로 가 버려서 생긴 괴변怪變이라 했다. 아달라이사금이 왜국에 사자를 보냈더니 연오랑은 세오녀가 짠 고운 비단을 주며 이것으로 하늘에 제사를 드리면 될 것이라고 했다. 사자가 돌아와 보고를 드렸다. 신라에서 그 말대로 했더니 해와 달이 다시 빛을 찾았다.

이러한 서사 구조를 갖고 있는 「연오랑 세오녀 설화」는 연오는 태양 속에 까마귀가 산다는 「양오陽烏 전설」의 변음으로 볼 수 있고, 세오는 「양오 전설」에서 해의 형상인 금오金烏 → 쇠오 → 세오의 변형으로 볼 수 있다. 뿐만 아니라 지금의 경북 포항시 지역인 영일현迎日縣은 '해맞이'라는 뜻을 갖고 있는 지명이다. 이러한 사실을 미루어 볼 때 「연오랑 세오녀 설화」는 『일본서기』에 나오는 「천일창天日槍 설화」와 같은 태양 신화라 할 수 있다.

4. 가야 문화의 일본 전파

가야는 일찍부터 왜국과 문화 교류를 해 왔다.

가야 문화권에서 철기 유물이 나온 곳으로는 창원 다호리 분묘군, 김해 대성동 고분군, 부산 복천동 고분군, 고령 지산리 고분군 등이 있다. 늦어도 3세기경부터 가야 지역에서 생산된 철과 철정을 수입해 갔던 왜국은 철과 철정을 바탕으로 해서 철기를 제작하기도 했다. 철기와 토기 제작 기술의 전파로 일본은 소국을 통합한 국가 권력이 출현할 수 있는 토대를 마련하였다.

1200℃ 이상의 고온으로 구운 회청색 경질토기가 주를 이루는 가야 토기의 기형과 토기 제작 기술은 왜국에 전해져 일본 고훈 시대 중기에 출현하는 스에키 토기 제작에 커다란 영향을 주었다. 회청색 경질토기로 쇠처럼 단단하다는 의미를 가진 스에키 토기는 4세기 이전 시대의 야요이식 토기로부터 발달한 토기인 적갈색의 연질토기, 무른 하지키 토기와는 뚜

렷이 구별된다. 규격화된 크기와 모양을 가졌던 스에키 토기는 물레를 이용하여 대량 생산이 가능해졌다.

4부

삼국과 가야의 대외 교류와 문화의 일본 전파

• 두귀단지
항아리의 어깨부분에 고리모양의 귀 두 개가 달려 있다.
회청색 경질토기로서 4세기에 만들어졌다.

• 스에키 토기

• 가야 토기

삼국과 가야 문화의 일본 전파 한눈에 요약하기

- 삼국 및 가야의 민무늬토기 문화 영향으로 왜국의 아스카 문화 성립

고구려

혜자
- 쇼토쿠 태자의 스승

담징
- 법륭사 금당벽화
- 채색기법, 종이, 먹, 물방앗간의 제작 방법을 왜국 전파

일본 다카마쓰 고분벽화
- 고구려의 영향(수산리 고분벽화와 유사)

백제

아직기
- 왜국의 태자에게 한자를 가르침

왕인
- 왜국에 『천자문』과 『논어』를 전함

노리사치계
- 불교 전파

신라

많은 인적 교류
- 신라의 동해안 지역과 일본의 서안 지역 간
- 조선술, 축성술, 축제술을 왜국에 전해 줌

가야

- 늦어도 3세기경부터 왜국에 철과 철정을 수출
  – 왜국이 이를 바탕으로 철기 제작

한국사 | 한국 중국 한 | 세계사

삼국시대

- 기원전 59
  로마, 카이사르, 통령이 됨
- 기원전 57 신라, 건국 혁거세거서간 즉위
- 기원전 57
  흉노, 내분이 일어남
- 기원전 37 고구려, 건국(고주몽) 신라, 경성을 쌓고 금성이라고 함
- 기원전 37
  로마, 영토 삼분
- 기원전 34 고구려, 성곽과 왕궁을 지음
- 기원전 18 백제, 건국(온조)

- 9 백제, 대두산성을 쌓음
- 24 낙랑, 왕조가 한의 낙랑군 태수 유현을 죽임
- 25 후한, 성립
- 28 신라, 「도솔가」
- 32 신라, 가배(추석) 시작
- 42 가락국(금관가야), 건국(김수로) 「구지가」
- 42 후한, 안남을 공격
- 43 금관가야, 신답평에 수도 신라, 나성과 궁궐 건축
- 44 금관가야, 나성과 궁궐 완성

| 한국사 | | 중국 세계사 |

한국사

56
백제, 우곡성을 쌓음

65
신라, 국호를 계림으로 고침
신라, 김알지 탄생

82
신라, 농사와 누에 치는 일을 장려

85
고구려, 점제현신사비 건립

94
금관가야, 신라 마두성 공격

96
금관가야, 신라 남부지역 침공

101
신라, 금성 남쪽에 월성 축조

102
신라, 음집벌국과 실직국을 합병

105
백제, 신라에 강화 요청

115
신라, 금관가야를 치다가 황산하에서 패함

116
신라, 금관가야를 공격하였으나 실패함

121
신라, 대증산성을 쌓음

132
백제, 북한산성을 쌓음

138
신라, 금성에 정사당을 지음

세계사

65
마가복음 성립

한국사

157 신라, 세오녀가 왜국으로 건너가 귀비가 됨

173 신라, 왜국의 여왕 비미호가 사신을 보내옴

191 고구려, 을파소를 국상으로 삼아 정책을 맡김

194 고구려, 진대법 실시

199 금관가야, 수로왕묘 건립

209 고구려, 환도성 천도

212 신라, 금관가야의 왕자를 볼모로 삼음

222 신라, 백제가 우두주에 침입

224 신라, 봉산성을 쌓음

228 고구려, 우씨를 왕태후에 봉함

242 백제, 남쪽 물가에 벼논(도전稻田)을 개척

244 고구려, 유주자사 관구검 침공 유유와 밀우

247 고구려, 평양성 축조

251 고구려, 관나부인을 가죽자루에 넣어 서해에 던져 죽임

한국 / 중국

삼국시대

세계사

184 후한, 황건적의 난

194 로마, 세베루스 황제의 군대가 유프라테스강을 건넘, 크테시폰 함락

220 후한, 멸망, 삼국 시대(위·촉·오) 시작

235 로마, 군인 황제 시대 시작

244 위나라, 촉한의 한중 침공

251 로마, 메키우스 황제, 고트족을 치다가 패하여 죽음, 가루스 1세 즉위

	한국	중국	
한국사			**세계사**

260 — 백제, 고이왕, 중앙집권 국가의 기틀 확립 (6좌평과 관위 16품을 정함, 공복제도)

260 — 로마, 발레리아누스 황제, 페르시아군의 포로가 됨(30참주의 시대)

진·晉

280 — 진, 중국 통일

284 — 백제, 아직기, 왜국에 가서 왜국 태자의 스승이 됨

284 — 로마, 누메리아누스 피살 / 디오클레티아누스 왕위에 오름 / 진나라, 진수 『삼국지』

285 — 백제, 왕인, 『논어』, 『천자문』을 왜국에 전함

307 — 신라, 국호를 '신라'로 사용하기 시작

313 — 고구려, 낙랑군 점령

313 — 콘스탄티누스, 밀라노 칙령 공포

316 — 5호16국 시대 시작

325 — 로마, 니케아 공의회 소집

356 — 로마 율리아누스 황제, 라만니족·프랑크족 격파

371 — 백제, 고구려 평양성 공격 / 고국원왕 전사

372 — 고구려, 불교 수용, 태학 설치

372 — 전진, 왕 부견, 사신과 승려 순도를 고구려에 보내 불상과 불경을 전함

384 — 백제, 침류왕 즉위, 불교 수용

395 — 로마, 동·서로 분열

405 — 백제, 전지왕 즉위 왜국에 유교 전파

405 — 후진, 구마라습을 국사로 삼음 왕인이 왜국에 한학을 전함

한국사	한국/중국	세계사
410 고구려, 동부여를 병합		
414 고구려, 광개토대왕릉비 건립		
427 고구려, 평양 천도		
433 나·제동맹 성립	남북조시대	**433** 콘스탄티노플에 큰 화재 발생
		439 북위, 화북 통일(북조 성립)
449 고구려, 충주고구려비 건립		**449** 앵글로색슨 및 유트족, 영국에 침입
458 고구려, 묵호자가 신라에 불교를 전파함		
475 고구려, 백제의 수도 한성을 함락시키고 개로왕을 죽임 백제, 웅진 천도		**476** 서로마 제국, 멸망
		486 프랑크 왕국 건국
502 신라, 순장법 폐지, 우경법 실시		**502** 동로마, 페르시아와 싸움
503 신라, 국호를 '신라'로 확정 왕호를 '마립간'에서 '왕'이라고 정함		
520 신라, 율령 반포, 공복 제정		**520** 영국, 영웅서사시 「베오울프」가 이룩됨
527 신라, 이차돈 순교, 불교 공인		**527** 동로마, 황제 유스티니아누스1세 즉위
		529 유스티니아누스법전(로마법대전) 편찬
532 금관가야 멸망		**532** 프랑크, 콘스탄티노플에 이레네성당 건립

한국사		세계사
	한국 중국	

536
신라, 처음으로 연호를 세워 건원이라고 함

536
동로마, 동고트족을 정벌

537
성 소피아 대성당 건립

538
백제, 사비 천도
나라 이름을 남부여라고 고침

538
동로마, 콘스탄티노플에 칼케 궁전 재건

545
신라, 이사부의 건의를 받아들여
『국사』를 편찬

545
서위, 돌궐에 사신 보냄

552
백제, 노리사치계가 불교를 왜국에 전파

552
왜국, 불교 전래됨
돌궐제국, 건국

562
대가야, 멸망

562
페르시아, 코스로1세, 아라비아 원정

565
신라, 대야주 설치
진나라의 사신 유사와 승려 명관이
불경 2,700여 권을 가져옴

565
동로마, 유스티누스 2세 즉위

566
신라, 솔거가 황룡사 벽에
늙은 소나무를 그림

566
게피드 왕국, 멸망

568
신라, 황초령 신라진흥왕순수비와
마운령 신라진흥왕순수비 건립

568
북이탈리아에 랑고바르드 왕국 성립

572
신라, 연호를 홍제라 고침

572
동로마, 페르시아와 전쟁

574
신라, 황룡사 금동장육상 완성

574
북주, 불교·도교를 없앰

576
신라, 원화 제도가 시작됐다 함
신라, 이찬 거칠부를 상대등으로 삼음

576
서돌궐, 동로마의 비잔틴 포위
동로마, 유스티누스 2세, 페르시아 원정

580
신라, 김후직이 병부령이 됨

584
신라, 연호를 개원이라 고침

584
동로마, 이탈리아·아프리카 총독부 설치

한국사

588
백제, 사신·승려·건축가·미술가 등을
왜국에 보내어 불사리를 전하고
비조사 건립

589
신라 원광, 진나라에 가서 불법을 구함

592
백제의 기술자들이
왜국 법륭사의 불당 등 완성

595
고구려 승려 혜자, 왜국에 건너가
태자의 스승이 됨

597
백제, 아좌태자가 왜국에 감
성덕태자상 그림

599
백제, 법왕 즉위
신라,「서동요」

600
고구려, 이문진이『신집』5권 편집

602
백제, 신라의 아막성 공격
신라, 귀산과 추항이
백제군과 싸우다 전사
백제, 승려 관륵이 왜국에 건너가
천문·지리·역서 등을 전함

607
백제, 수나라에 사신을 보내어
고구려 토벌을 요구

608
신라, 고구려의 잦은 침입을 견디다 못해
수나라에 고구려 정복을 요청

610
고구려, 승려 담징을 왜국에 보내
종이·먹·물방앗간 만드는 기술을 전하고
법륭사 금당벽화 그림

한국 | 중국

수 隋

세계사

588
수나라, 진왕이 광을 행군원수로 함

589
진나라, 멸망
수나라, 천하통일

592
수나라, 균전법 시행

595
수나라, 무기 개인 소유 금지하고 회수함

597
교황 그레고리1세의 사절
브리타니아에 도착, 켄트 개종

598
수나라, 고구려로부터 요서 침공받음

599
수나라, 돌궐을 침

600
앵글로색슨, 7왕국 시대 시작

602
동로마, 마우리키오스 황제 피살
유스티니아누스 왕조 단절되고 내란 발생

607
왜국, 법륭사 건립

608
수나라, 배청이 일본에 사신으로 가면서
백제 남로를 거침

610
마호메트, 이슬람교 포교 시작

한국사		세계사
	한국 | 중국	
		611 페르시아, 코스로 2세가 시리아·이집트·소아시아를 공략
612 고구려, 을지문덕, 살수에서 수나라 군대 섬멸(살수대첩)		**612** 수나라, 고구려 원정군 패하여 돌아감
		614 페르시아, 다마스커스 침공
	당 唐	**618** 당나라, 건국
		622 무함마드가 헤지라 단행
624 고구려, 당나라에서 도사가 천존상과 도법을 가지고 와서 노자를 강의함 (도교 전래)		**624** 당나라, 관제 제정, 새 율령 반포, 균전, 조용조법 제정함
		627 페르시아, 니네베의 싸움에서 크게 패배
631 고구려, 천리장성 수축		**631** 프랑크 왕국 통일
632 신라, 진평왕 죽음, 선덕여왕 왕위에 오름		**632** 아브바클, 초대 칼리프 선출
634 신라, 연호를 '인평'이라 고침 분황사 창건		**634** 사라센, 전아라비아 통일
636 신라, 자장 당나라에 건너가 불법을 구함		**636** 당나라, 부병제 정비
640 백제, 익산 미륵사지 석탑 건립		**640** 사라센, 알렉산드리아 도서관 불태움 **641** 당나라, 문성공주를 토번에 시집보냄 페르시아, 사산왕조 멸망 **642** 사라센, 알렉산드리아 점령

한국사		세계사
	한국 중국	

643
신라, 승려 자장이 당나라에서
돌아와 대국통이 됨

643
당나라, 신라가 구원병 요청

645
고구려, 안시성 싸움 승리

645
인디아의 천문학자, 브라만 굽타 활동
일본 다이카 개신

646
고구려, 천리장성 완성

647
신라, 경주 첨성대 건립

647
당나라, 고구려 공격

648
당나라, 왕현책을 인디아에 보냄

649
신라, 당나라의 의관을 사용하기 시작

649
당나라, 태종이 30만 군사로 고구려를
공격하고자 준비하다가 죽음
고구려를 공격하지 말라고 유언함

650
신라, 당나라 연호 사용

650
코란 이룸

651
사산 왕조 페르시아 멸망

653
백제, 왜국과 국교 재개

653
당나라, 방유애·고양공주 등 모반

656
백제, 성충 죽음

656
사라센, 알리, 제4대 칼리프가 됨

659
당나라, 사결의 반란 평정

660
백제 멸망

660
당나라, 고종이 백제 출병 결정

661
백제, 복신·도침·흑치상지 등
백제 부흥 운동 전개

661
이슬람, 우마이야 왕조 건립

662
고구려, 당나라군이 평양성 포위

662
당나라, 철륵을 철산에서 격파,
당의 세력권 최대가 됨

663
나·당 연합군, 백강에서
일본 군대를 크게 깨트림

663
일본, 백제 부흥 운동 구원군 백강에서
크게 패함

664
당나라, 백제 왕자 부여융을
웅진도독에 임명

664
사라센, 인디아 일부 점령